"数据要素X"的
经 济 学

汤 珂 刘涛雄 谢丹夏 主编

人民出版社

目 录

下篇　数据要素应用场景

前　言

在数字经济时代，数据替代物质资本成为关键生产要素，这一转变标志着人类社会生产力发展的新里程碑。2023 年 12 月，国家数据局颁布了《"数据要素 ×"三年行动计划（2024—2026 年)》，这一重要文件的发布，是对习近平总书记关于数据要素作用发挥的重要指示精神的深刻领会和全面落实，同时也是对党中央、国务院关于数据驱动发展战略的坚定响应。

"数据要素 ×"是指数据要素与其他生产要素之间的协同与放大效应，数据要素能够通过促进创新、降低成本、提高产出等方式形成新质生产力和提升生产效率。发挥数据要素的乘数作用可以促进数据赋能实体经济，形成以数据资源为抓手和关键驱动力的经济社会发展新模式。在接下来的几年里，我们将见证数据如何深刻地重塑产业格局，激发市场活力，提升治理效能，并在全球范围内推动形成更加开放、合作的数据共享生态。这不仅是对国家数据战略的一次重大实践，也是对全球数字经济发展的积极贡献。

在上述时代和政策背景下，我们撰写了《"数据要素 ×"的经济学》这本书，以期对数据要素在当代经济体系中的核心地位及其深远影响进行系统性阐释。此书是对国家层面数据战略的学术回应，同时也是对中国特色经济实践的关注和介绍。本书旨在构建一套理论体系，用以分析数据要素如何促进经济增长、结构优化升级、激发市场活力、提升治理效能，并在全球范围内推动形成开放、合作的数据共享生态。通过对数据要素的经济学分析，本书力图为政策制定者、学者及广大读者提供洞见，以促进对数据要素价值的全面认识和合理利用，共同迎接数字经济时代的机遇与挑战。

本书由"数据要素基础理论"和"数据要素应用场景"两大板块组成，一方面概述研究团队的基础理论成果，另一方面响应国家重大战略需求。全书共九章，前五章聚焦理论前沿：综述数据经济学的研究进展，并介绍了研究团队对于经济增长、数据资本、数据流通与分配、公共数据等领域的学理发现；后四章关注中国实践，在"数据要素 ×"的政策背景下，介绍了数据赋能金融服务、科技创新、绿色低碳、医疗健康四个典型应用场景。

具体来说，第一章介绍数据要素与经济增长，并对基础框架进行拓展讨论，纳入数据中介、算力提供商等多个市场参与者；第二章详述了数据资本测算方法，并实证检验了数据资本对于中国经济增长的驱动效应；第三章从微观经济学的层面讲述了数据要素理论；第四章简述了数据开放、共享、交易三种主要流通方式，而后讨论了数据要素参与分配的原则和路径；第五章聚焦公共数据，着重研讨了开放和授权运营两种流通模式，并提出了公共数据的两级定价模型；第六章介绍了数据要素在金融行业的应用，关注另类数据的作用，以及数据成为资产后用于增信、质押融资等业务；第七章侧重对于科学数据角色的描述，通过介绍数据应用于基础科学研究和技术研发创新的案例，说明数据要素对于科创的重要性；第八章涉及"数字经济"和"绿色低碳"两个关乎中国经济结构转型方向和路径的问题；第九章在"互联网＋医疗健康"这一大背景下，进一步介绍了"数据要素 ×"的赋能作用。

　　本书由汤珂、刘涛雄和谢丹夏三位教授统筹策划，凝聚了三位教授团队在数字经济与数据要素领域的阶段性研究成果。具体而言，魏文石完成"数据要素与经济增长"（第一章），李若菲完成"数据资本测算及其对经济增长的贡献"（第二章），黄京磊、朱卓熙共同完成"数据要素的微观经济学基础"（第三章），王锦霄、陈刚共同完成"数据流通和分配"（第四章），陈刚完成"公共数据开放、授权运营与定价"（第五章）和"数据要素 × 绿色低碳"（第八章），郝凯璇完成"数据要素 × 金融服务"（第六章），邓曼瑶完成"数据要素 × 科技创新"（第七章），高瑞泽完成"数据要素 × 医疗健康"（第九章），韩立岩、李金璞完成全书的校读和审阅工作。

　　本书作为国家自然科学基金重点项目（数据要素及其流通的基础理论与机制设计，72342008）的核心成果，重点阐述了数据要素在经济学中的理论框架以及对我国经济发展的重要作用。在此也特别感谢国家自然科学基金重大项目（数据要素的界权、交易和定价机制设计，72192802）对本书的支持。

　　本书比学术著作更为易懂，致力于普及数据要素的新特点和重要性，提升公众对数字经济时代机遇与挑战的认识，使读者能够更好地把握和利用数据要素带来的变革潜力。在此我们诚挚地邀请每一位读者与我们一同走进"数据要素 ×"的世界，探索数据的无限可能，洞察经济的未来走向。愿本书能成为连接理论与实践、过去与未来的桥梁，为推动我国乃至全球数字经济的健康发展贡献一份力量。

汤　珂　刘涛雄　谢丹夏

2024 年 8 月 17 日于清华园

上　篇

数据要素基础理论

数据作为新型生产要素，已融入生产、分配、流通、消费等各个环节。上篇聚焦数据要素基础理论，帮助读者从经济学视角理解数据要素的放大、叠加、倍增作用。从数据要素特征以及数据要素推动经济增长的途径出发，介绍数据要素与经济增长的内在关系；详细阐述了数据资本的测算方法，实证检验数据资本对中国经济增长的驱动效应；以微观经济学为基础，搭建数据要素的理论体系；探讨了数据开放、共享、交易三种流通方式，以及数据要素参与分配的原则与路径；最后聚焦公共数据，提出公共数据的两级定价模型。我们相信，伴随着数字经济发展提速和数据要素市场体系的不断建设，"数据要素 ×"效应会得到进一步发挥。

第一章　数据要素与经济增长

数据要素是指在数字经济运行及其市场主体生产经营过程中作为投入品，能够创造经济价值或社会价值的数据资源。党的十九届四中全会将数据增列为生产要素，自此中国成为全球首个在国家战略层面将数据纳入生产要素的国家。2022 年 6 月，习近平总书记主持召开中央全面深化改革委员会会议，强调"数据基础制度建设事关国家发展和安全大局"①。2022 年 12 月，《中共中央、国务院关于构建数据基础制度更好发挥数据要素作用的意见》（简称"数据二十条"）正式发布，要求充分实现数据要素价值，为深化创新驱动、推动高质量发展、推进国家治理体系和治理能力现代化提供有力支撑。

以数据作为关键生产要素的数据经济形态将给人类生产技术、生活方式与思维模式带来颠覆性变革。数据要素和数智技术的应用，长期而言涉及新质生产力的发展、经济增长模式的转变、产业结构的优化升级，短期而言则影响到宏微观政策的制定与调整。这对经济理论框架和研究方式提出了新的适配性要求。传统经济理论尚未对新生产要素的参与进行系统性分析，仍停留在工业经济时代的理论模型体系。作为数字经济时代的关键生产要素，数据在经济理论中的重要角色未得到凸显，尤其是数据对企业经营、市场模式、产业结构、经济

---

① 《加快构建数据基础制度　加强和改进行政区划工作》，《人民日报》2022 年 6 月 23 日。

增长动能转换等领域的新效应尚未得到充分刻画。

《数字中国发展报告（2022 年）》显示，2022 年我国数据产量达 8.1ZB，同比增长 22.7%，全球占比达 10.5%。海量数据资源为我国经济发展注入了新的潜力。当下我国正处于经济增长换挡、结构调整的关键时期，政府颁布了一系列政策以充分发挥数据要素价值、赋能经济社会发展。党的二十大报告强调"加快发展数字经济，促进数字经济和实体经济深度融合"。当前，以数字经济为代表的新型产业呈现出日益蓬勃的发展态势。数据是数字经济发展的基础，其蕴含的新增长动能越来越受到业界和学术界的关注。《中华人民共和国国民经济和社会发展第十四个五年规划和 2035 年远景目标纲要》提出，要加快推进数字经济发展，激活数据要素潜能，充分发挥海量数据和丰富应用场景优势。《"十四五"数字经济发展规划》进一步指出，"数据要素是数字经济深化发展的核心引擎"。2024 年 1 月，国家数据局等十七部门共同制定了《"数据要素 ×"三年行动计划（2024—2026 年）》，明确了推动数据要素赋能经济的总体要求、总体目标、十二个发展场景和涵盖保障数据供给、流通、安全的三个重点工作等内容。

研究数据要素的基础经济理论，对于经济学理论体系具有突破性的创新价值。数据要素是传统生产要素理论的重大突破，纳入数据的新生产函数形式，从本质上反映出数据与既有生产要素间的属性差异，及其价值创造路径的关键区别。作为经济学研究前沿分支的数据经济学，近期受到全球范围内顶尖经济学者的重视，数据要素及与之密切相关的人工智能与经济增长、数据市场、数据与隐私等新兴的文献分支快速涌现。

我们急需在理论上探究和说明，数据要素的特征是什么，数据要素推动经济增长的动力是什么，什么可能阻碍了数据要素对经济增长的推动作用。通过回答这些问题，更深入地了解数据要素，理解各国为何如此重视数据要素，如何更好地发挥数据要素的价值。

第一节　从宏观经济看数据要素的典型特征

2020年4月9日，《中共中央、国务院关于构建更加完善的要素市场化配置体制机制的意见》首次明确将数据作为新的生产要素，这意味着数据要素已初具规模，和其他要素一起融入了经济价值创造过程，对经济增长产生了深刻影响，其市场化配置体制机制建设成为国家发展重点。在过去，经济学家从土地、劳动力、资本、技术等的特征出发，构建了马尔萨斯增长模型、索罗增长模型、内生增长模型等一系列增长理论，用以探究这些传统生产要素对经济增长的影响机制。类似地，我们首先也要探究数据要素的典型特征，分析数据要素与传统生产要素的差异，并以此探究数据推动经济增长的特有机制，建立针对数据要素的体制机制，从而更好地发挥数据要素的经济价值。

一、非竞争性

数据的第一个特征是非竞争性，即数据可以被任意数量的公司、人员或机器学习算法同时使用，而不会减少其中任何人的可用数据量。这和技术、知识有很大的相似性，例如技术可以和全球各地的人进行分享，而获得技术的人不会影响其他人对技术的利用。然而，资本、劳动力、土地等生产要素都是具有竞争性的，例如当多个人同时使用同一台设备时，每个人所能占用的设备性能将会随人数增多而下降。

二、可排他性

数据的第二个特征是可排他性，也就是说在一定的制度安排和技术水平下，拥有数据的人可以阻止他人使用数据。由于数据具有非竞争性，因此应该尽可能共享给更多企业，减少排他性，从而充分发挥数据的价值。然而，如果只追求数据的共享利用，数据采集、清洗等前期处理可能存在激励不足的问题，进而导致优质数据的总量不足。因此，数据要素的配置应该权衡可排他性和非竞争性，适当设计数据产权制度、交易制度，从而发挥数据最大的价值。

三、隐私问题

数据的第三个特征是它涉及隐私问题。现实中，很多数据是由消费者产生的，和消费者的历史行为密切关联（例如搜索记录、消费记录、还款记录等），这些数据可能已经被很多公司比如平台企业大量使用。公司在使用数据的过程中，可能会涉及消费者隐私问题，给消费者带来一些不便甚至伤害，比如存在持续监视下的不适、数据泄露或黑客入侵的损失、平台利用消费者数据进行价格歧视带来的额外成本等。在传统增长模型中，为了激励创新，技术知识的产权一般是由发明者持有。在数字经济中，数据的采集、存储、清洗往往由企业付出成本完成，但因为隐私问题的存在、数据的具体内容记录的是消费者的行为，数据的产权有更大的讨论空间和复杂性。因此，我们将会看到，隐私问题可能是限制数据推动经济长期增长的重要约束。

四、经济伴生品

数据的第四个特征是可以伴随经济活动产生，例如每当消费一种商品时，平台数据库就可以记录一条数据。这意味更大规模的经济活动可能产生更多的数据。在数据经济下，小体量经济体的数据生成量可能是不足的，经济规模大的国家则可能因数据量大而面临巨大机遇。当数据可以为经济提高生产效率时，大体量经济伴随的大规模数据在非竞争性的作用下可以提高每个个体的产出。这也是为何当前我国如此重视数据要素的制度设计的重要原因。

第二节　数据要素推动经济增长的途径

在明晰数据要素的特征基础上，我们可以进一步探讨数据要素的经济价值，在宏观层面数据要素的经济价值可以分为三种：提高生产效率、提高创新效率、提高决策准确性。

一、数据提高生产效率

数据可以用于生产过程，改善现有产品和服务的质量。例如，数据可以用来训练机器学习算法，以帮助智能驾驶性能更高。Jones 和 Tonetti（2020）将数据要素纳入包含劳动力要素的生产函数内，并强调了数据在生产环节的非竞争性，即一个企业内的每个员工都可以利用企业的所有数据进行生产，且不影响其他员工同时使用。此时，人均产出取决于经济体的总数据量，而非人均数据量。由于经济体的总产出是劳动力数量与人均产出的乘积，所以如果劳动力总量和数据总量同时增加一倍，产出增加会大于一倍。因此非竞争的数据要素在生产中会具有规模报酬递增的特征。此外，当经济体数据总量增长时，每个人可以利用的非竞争数据都会增长，因此数据总量增长可以提高人均产出（或人均 GDP）的增长。然而，在资本驱动的经济增长中，由于资本具有竞争性，资本总量的增长并不一定带来人均产出的增长，只有人均资本的增长才能带来人均产出的增长。

我们可以进一步考虑经济体中存在大企业和小企业，并且每个企业对自己采集的数据具有产权（可排他性特征）。大企业通常具有更大的市场规模，因为数据是经济活动伴生品，因此规模更大、效率更高的企业可以利用庞大的数据迅速扩张，扩大与小企业的差距。这可能会导致小企业很难进入市场，市场创新活力和竞争程度不足，从而对经济增长和收入分配产生负面影响。在这一背景下，充分发挥数据非竞争性和减弱可排他性的制度设计就至关重要，如果小企业可以利用大企业数据进行创新，那么上述问题将得以缓解。

二、数据提高创新效率

数据可以用于创新过程，发明新的产品、产生不同价值水平和等级的技术和知识。想象中国人口普查数据、资本市场统计数据、癌症数据以及各种实验数据，当我们拥有了一个具有价值的数据集时，往往就意味着我们可以通过大数据技术来分析这个数据集，发现新的科学规律，创造出一般性的新科学知识或新种类产品。数据促进生产与提高创新的差异可以简单总结为：投入生产过程强调直接改善现有产品和服务，投入创新过程强调创造出新产品、新技术和新专利（统称为新知识，而这些新知识可以用于在未来进一步创造新的知识）。

Cong（2021）重点讨论了数据投入创新过程的利用，当研发人员和现有技术水平给定时，更多的数据可以帮助研发人员在单位时间发现更多的知识、发明更多的技术，从而实现更高的全要素生产率和更高的经济增长率[1]。如果我们将新的知识理解为一个利用新技术的新企业，数据推动创新从而产生新的企业，当这些企业会进一步利用数据生产时，数据的非竞争性价值会进一步得以发挥，从而产生更大的社会福利。

三、数据提高决策准确性

数据提高决策准确性（或减少不确定性）是一种对前述途径的微观刻画，重点是将数据看作一种信息。例如，在生产过程中，公司需要通过准确预测未来结果来优化其业务流程和技术路线选择。当企业可以利用数据预测市场需求时，它们就可以设计出更好的产品，发明市场更需要的技术，避免生产浪费、减少创新试错成本，从而推动经济更快增长。Farboodi 和 Veldkamp（2021）具体研究了这种机制，并将数据纳入了一个包含噪声的生产函数中。具体地，他们假设企业在每一期的生产中都会有一个最优的技术选择，即市场在这一期最需

---

① "全要素生产率"由索洛（Solow，1957）首次提出，又叫索洛剩余（Solow Residual），是指经济产出中未被资本投入和劳动投入所解释的部分，全要素生产率提高主要指由技术提高和资源配置改善所产生的经济增长。

要的产品种类。企业可以利用数据得到一个关于最优技术选择的预测，数据量越多预测的精度越准确，越有更高的可能性生产市场最需要的产品，进而提升有效的生产效率。

Farboodi 和 Veldkamp（2021）在这一框架下说明了根据数据量的多少，会产生数据边际收益递减和边际收益递增两个表现：由于预测的准确率最高是 1，这一上界导致数据规模大时会自然具有边际收益递减的特征，即增加一单位的数据，准确率上升的程度随数据量增大而减少；而当数据量不足时，数据量增多对预测准确度有显著改善。这意味着数据在单一企业不断积累的边际价值会随着预测精准度逐渐精确而降低，因此有大量数据的企业可能会有激励将数据出售给缺少数据的企业，显著改善后者的信息分析的准确度。

四、数据的价值与非竞争性

沿着前文所提到的增长理论发展脉络，我们能够以 Romer（1990）为基础，将数据要素纳入内生增长模型，有三篇具有代表性论文对此进行了探究：第一，Jones 和 Tonetti（2020）重点考虑了数据投入生产过程的经济价值，用以提高当期的生产效率。根据他们的模型，在每个企业支付数据"使用费"后，数据还可以在当期的多个企业之间非竞争性地"共享"使用，用于生产产品（或提高当期的生产效率）。我们将这种在同一时期内的不同个体之间同时使用的性质称为"水平非竞争性"。第二，Cong 等（2021）重点考虑了数据投入创新过程的经济价值，用以创造出很多新产品、新专利，甚至催生新的产业。根据这一模型，数据可以被研发部门（或创新型企业）用于生产新的知识，而这些新知识不仅可以在当期，还可以在未来无限期进行使用，再次产生新的知识。我们将这种在不同时期跨期利用的性质称为"动态非竞争性"，其最重要的经济内涵在于：数据是含有"杂质"的，每次使用的时候，不论多么小心，总是可能把相关隐私信息泄露出去，造成福利损失，但是当数据产生新的知识之后，未来可重复使用的"纯粹"知识就不再和隐私相关了。公司可以通过反复观察以前基于数据的知识来渐进地创新，而不会产生任何额外的隐私成本。我们将这称为"从数据到知识的漂白凝练"过程。这是在数字经济时代下基于数据的研发创新过程的新作用，也是后文"数据驱动内生经济增长"所阐述的主要机制。第三，Cong 等（2022）重点考虑了数据同时投入生产和创新过程的经济价值，也就是生产部门的企业使用数据来生产产品，而创新部门的公司同时使用相同的数据来创造新的产品品种。我们将这种跨部门的多重使用称为"垂直非竞争性"，"垂直"一词用以强调数据在生产知识与专利的上游（创新部门）和利用知识与专利的下游（生产部门）的同时使用。三篇文章的关系可以参考图 1-1。

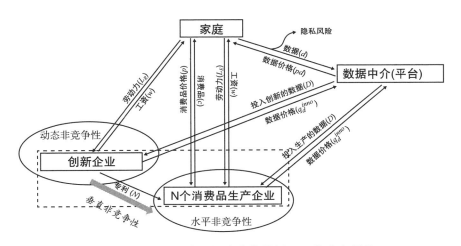

图 1-1　数据在经济增长中的作用以及三种非竞争性

图 1-1 包含 4 个方框，分别代表一个宏观经济系统中的四类决策者：家庭、数据中介、创新企业、消费品生产企业。家庭成员一方面会工作，挣到工资后进行消费，另一方面还可以产生数据（比如在消费过程中产生），家庭可以把数据卖给数据中介，数据中介再把数据销售给企业。该经济系统中除了数据中介之外，还存在两类企业，一种是创新型企业，另一种是生产型企业。创新型企业利用数据和现有知识进行创新，产生专利或者是新的技术，再把这个专利或新技术卖给生产型企业。所有生产型企业同时使用相同的数据提高产品质量，这体现了数据的水平非竞争性。同时，生产型企业和创新型企业同时利用相同的数据，体现了数据跨部门的垂直非竞争性。

五、数据投入生产和投入创新的对比

前文指出数据既可以用于改善生产效率，也可以用于发明新的知识。Cong 等（2022）将数据纳入一个全内生增长框架，同时考虑数据要素在生产和创新过程的利用，探究两种数据价值对推动经济增长的差异。

在模型中，消费者通过其消费活动产生数据并拥有自己数据的产权，他可以将数据出售给一个数据中间商获得报酬，并向市场中的企业提供劳动力获取工资。消费者自主决策出售的数据量，同时权衡自身所承担的隐私成本。市场中存在两类企业，一类是已经存在市场中的（生产型）企业，这些企业拥有一种技术的专利并利用数据和劳动力生产产品，但不再创新，另一类是未进入市场的潜在（创新型）企业，这些企业会利用数据和劳动力发明新的技术，创新成功后会成为生产型企业存活于市场中。数据中间商可以将数据同时出售给生产型企业和创新型企业。与劳动力不同的是，数据在所有企业之间也具有垂直非竞争性：生产中的数据使用不会限制其在创新中的使用。这同时意味着，数据量的高低会同时影响生产型企业和创新型企业的生产效率，当生产型企业和创新型企业数据利用的效率不同时，会进一步影响劳动力在两个部门之间的分配，从而影响经济的长期增长。

隐私风险造成的成本随数据量增加而边际递增，但数据对生产效率的提高是边际递减的，如果关闭数据在研发过程的利用，让数据只能在生产过程发挥价值，会使得数据只能推动经济体短期的增长，而不会影响经济长期增长率。这是因为个人共享的数据不能在长期无限增长，只能达到一定常数水平，否则会导致隐私成本爆炸，但没有充足的报酬用于补偿隐私成本。如果不存在其他机制，常数数据量无法推动经济产出的持续增长。而在短期，当经济体的数据量不足时，数据的边际收益大于隐私的边际成本，数据量可以不断增长以满足社会需要，从而带动经济的短期增长。

然而，如果数据可以被高效地用于知识创新，即使数据量是常数，数据也可以推动经济的长期增长。因为中性知识不掺杂隐私风险，并且既有的知识可以被用于未来创新活动，这种创新的"漂白凝练"过程和知识积累过程使得数据可以推动经济体的长期增长。

六、数据要素与新型基础设施共同推动经济增长

数据作为生产要素并非单独发挥价值，而是与数据处理器（算力）和数据存储器（存储）等物理介质的效率和分配息息相关。随

着大型语言模型（Large Language Models，LLM）及生成式人工智能（Generative AI）的兴起，大量 AI 创业公司和科技企业将资金投入到云存储服务、云计算服务和图形处理器订单中，数据和算力投资的全球竞赛已成为数字经济及其增长的重要组成部分。2024 年，我国多地政府已发布算力补贴政策，例如深圳和上海等地的算力补贴政策、成都和杭州等地的算力券申领政策，以加强算力建设，减轻企业算力使用负担，促进人工智能等产业发展。

Wei 和 Xie（2024）在增长模型中具体刻画了数据要素、处理器、存储器的典型特征，并分析各部分对经济增长的影响。他们强调，数据存储器决定了经济体可以利用的数据上限；数据具有非竞争性，在利用数据存储器保存之后可以以相同数量同时提供给市场上的所有生产型企业和创新型企业使用；数据处理器提供的算力类似于资本，具有竞争性，当一单位算力被提供给某个企业使用时，这部分算力不能同时被其他企业所使用，因此经济体除了要决定提供多少总算力之外，还需要权衡如何分配算力。

模型中的消费者通过消费活动生产数据，可以依据自身的隐私成本将数据卖给数据中介。数据中介通过雇佣劳动力生产存储器将数据保存，并可以将储存的数据同时出售给创新型企业（组成潜在进入者）和生产型企业（组成中间品厂商）。算力提供商可以雇佣劳动力生产算力，并将算力出租给市场中的所有企业。创新型企业利用数据和算力进行创新，成功后成为新的生产型企业，并利用数据和算力进行生产。这一设定可以和如下现实场景对照：ChatGPT 可以看作是某一个企业所经营的中间品，通过进一步输入算力和数据提供 AIGC 服务，而其他创新型企业可以利用数据和算力发明新的大模型。所有大模型提供的服务共同组成了消费者消费的商品。

这一模型指出由于算力和数据的产出效率是相互联系的，即算力总量、算力跨部门的竞争性分配和非竞争的数据总量会相互影响，影响各部分对经济增长的贡献。当隐私成本更高时，例如加密技术较弱或数据制度不完善，消费者会倾向于缩减数据共享量，导致数据对经济增长的贡献减弱；但另一方面，企业会提高对算力的需求弥补可用数据量的减少，提高对有限数据的利用率，使得创新活动没有明显的萎缩。这个观点与 Cong 等（2022）有所不同，指出隐私成本提高带来的数据量缩减会降低长期经济增速。如前文所述，如果考虑算力的机制可以发现，当隐私成本提高时，数字经济可以通过算力实现自我调节（见图 1-2）。

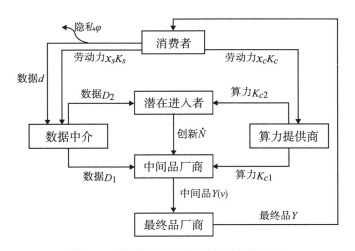

图 1-2 数据与新基建的增长模型设定

此外，从经济增长的动态视角，当经济体中产生数据的速度适中时，经济体的最优选择是将产生的数据量和存储器投资匹配，使经济体产生的新数据均被存储，即产生数据的速度与实际积累数据的速度相等。而当经济体产生数据量速度过快时，将每期产生的新数据全部存储的经济代价过大，经济体的最优决策是使数据库投资与数据产生速度脱钩，避免将大量资源投入存储，而算力的投资不足，无法高效利用存储下来的大量数据。这联系并补充了 Hou 等（2022）所提到的数据增长与经济增长脱钩之谜。Hou 等（2022）强调在数据快速产生的过程中，存在数据库建设效率低下的情况，导致数据无法被完全存储并随之利用，此时大量的数据被丢弃从而限制经济的增长速度。

七、数据要素支撑普惠金融与包容性经济增长

正如前文所说，数据可以用于预测减少不确定性，其自身作为信息可以缓解市场的信息不对称问题，最典型的例子是金融部门利用数据分析借款人信用状况并开展信贷业务。谢丹夏等（2022）强调，传统商业银行通过多年的金融业务积累了丰富的财务数据，如信用卡、资产和收入等数据，覆盖融资、储蓄和理财等活动。近年来，随着数字经济发展，数据的种类和数量出现爆炸式增长，也催生了金融科技公司（Fintech）这一新金融业态。通过个人社交、消费、娱乐等行为以及电商交易、供货等活动，金融科技公司收集了个人与企业的海量"数字足迹"（或"另类数据"）。这些"数字足迹"可用于提高信用评估精度，也帮助金融科技公司将信贷服务扩展到小微企业、高校学生、农户等财务数据不足的群体。这种数字金融业务的开展有助于促进普惠金融，改善落后地区、低物质资本或低社会资本家庭的创业行为，促进创业机会的均等化和包容性增长。

第三节　阻碍数据要素推动经济增长的潜在因素

一、数据产权的不合理分配

Jones 和 Tonetti（2020）在经济增长模型下探究数据的不同产权如何决定其在经济中的使用，从而影响产出、隐私和消费者福利。他们发现与数据相关的政策具有重要的经济后果。当公司拥有数据产权时，它们可以使用通过自己业务采集的数据，同时它们可以向数据中介出售数据，并选择出售多少数据。在决策中，企业可能不会充分尊重消费者的隐私，将采集的数据全部投入自身的生产过程，也就是说消费者的隐私顾虑是企业使用数据的负外部性，可能造成隐私问题过大。同时企业出售数据会暴露它的业务状况，使其快速被新企业替代，提高经济中创造性破坏的速度，所以企业可能会隐藏囤积数据，导致在市场上出售的数据数量不足。也就是说，在一定程度上，数据在企业间的共享改善的福利是企业出售数据的正外部性。这最终造成数据在一家公司内过度使用，而在整个社会层面，数据的共享是不足的，拥有数据的企业会限制其他企业利用数据改善生产，数据非竞争性的经济价值释放不足，从而造成福利损失。

与企业决策问题相比，对消费者而言，数据共享产生的创新性破坏所造成的企业价值损失并不进入他们的决策，这意味着他们提供给所有企业使用的数据比例可能会高于企业拥有数据产权的情况，从而带来更高的数据利用率、推动经济更长期的增长。

Huang，Xie 和 Yang（2023）在其理论框架中进一步考虑企业采集和加工数据的行为，他们强调需要给数据厂商一定的经济激励以提高可用数据量。基于这一出发点，他们根据数据驱动型的内生增长理论，借鉴知识产权的保护方式，尝试测算数据所有权的最佳保护期限，一旦超过期限，应鼓励企业共享数据，从而提高社会知识创造的效率。

二、数据要素产业链的协调

数据要素与信息技术（Information Technology，IT）产业密切相关，然而索洛于 1987 年提出了"进步很难体现在生产力统计数据上"的索洛悖论。Acemoglu 等（2014）通过记录两种现象解释了这种悖论。第一，IT 密集型产业劳动生产率增长更快的证据是混合的，这取决于 IT 强度衡量，并显示在 20 世纪 90 年代后期后几乎没有影响。第二，IT 密集型产业劳动生产率增长较快的原因是产出下降伴随就业下降较快。IT 相关的产业的发展如果存在问题，自然会导致数据要素的价值受限。

在存储方面，Hou 等（2022）特别强调数据必须存储在物理设备中（如硬盘、服务器和数据中心）。在这一点上，数据要素与其他生产要素存在明显区别。劳动力投入、机器等实物资本、以专利和技术为代表的技术都可以独立存在，直接对生产产生贡献。相比之下，数据与数据存储设施则形成了紧密的共生关系，而且由于数据经济时代下数据的产生往往是海量的，这种依赖甚至更加严格。如果数据存储不足以实现爆炸性的数据积累，那么就必须删除相当一部分数据；如果新生成的数据找不到可驻留的存储空间，那么它将在被利用之前消失。此外，数据存储设施在是否具有非竞争性维度上也与数据存在根本的不同。不同于数据的非竞争，数据存储设施是竞争的，即一方对数据存储空间的占用会挤压其他数据存储设施使用者的存储空间。这种数据存储的竞争性对数据非竞争所驱动的经济增长加上了又一层限制。由于对数据存储的依赖，数据的非竞争性可能因此受到损害。虽然从社会资源最优分配的角度而言，经济应该汇集尽可能多的数据，并提供尽可能广泛的访问权限，但现实中所实现的市场均衡则可能并非如此。一方面，考虑到数据存储设施的私有属性，每个公司可能都希望专有地存储数据，以便自己方便可靠地利用数据，而未必会愿意与其他公司分享数据存储设施的数据访问权限。另一方面，数据的存储成本也使得数据的复制成本不再为零，遏制了数据的重复利用。

Wei 和 Xie（2024）强调数据相关技术、算力相关技术、数据市场和算力市场可能会相互影响。首先，算力具有竞争性，当短期算力供给有限时，如何有效地分配成为关键。在保证生产所需算力的基础上，可通过补贴等方式降低创新环节利用算力的成本，将算力引导至具有创新能力的企业。同时，应注意人工智能模型的重复开发，尽管市场竞争可以有效降低消费者使用人工智能技术的价格和营造良好的创新环境，但相似功能的人工智能模型在后续使用环节可能造成有效算力被多个模型所稀释，每个模型所能利用的算力都不充足的情形。此外，数据和算力的技术调整可能导致数据要素被过度利用或利用不足，这会对数据要素的相关制度安排产生影响，从严监管的制度在某一阶段可以防止数据滥用，但随着技术转变可能加剧数据利用不足的问题。其次，数据具有非竞争性，这使得数据一旦共享，其经济价值可以被所有企业和部门共享，然而这也导致如果存在某些部门和企业数据滥用问题，隐私问题会加剧从而导致数据共享困难，所有部门都会随之受损。因此在数字经济发展初期，应注意不同市场的相互影响，数据制度应具有灵活性，避免与市场和技术发展脱节。

因此，尽管数据要素带来了强劲经济增长潜力，但单纯地促进数据的生成和利用并不能够促成潜在的高经济增长，相反，在促进数据要素利用的同时也应关注其配套基础设施和支付。只有数据要素使用和配套设施建设二者协调发展，数据要素才能发挥出其应有的对经济增长的长期、安全、稳定的推动作用。

近年来，政府和社会各界高度关注如何充分发挥数字经济的驱动作用赋能中国高质量发展的议题。政府方面，为强化数字赋能，党的二十大报告提出要"加快发展数字经济，促进数字经济和实体经济深度融合，打造具有国际竞争力的数字产业集群"。产业发展方面，数字经济与实体经济的深度融合是以数据要素成为新型生产要素为基础的。而数据基础设施作为数据要素的重要载体，是新一代信息技术驱动下经济发展的重要基石。构建以数据基础设施为代表的"新基建"能够使海量数据在更广泛的应用场景中发挥最大价值，推动数字技术与实体经济深度融合。数据基础设施建设将是数字经济成功赋能的关键。全面加强数据、算力等新型基础设施建设意味着筑牢未来数字经济发展的"支撑底座"。

与此同时，我国数据基础设施建设发展仍面临诸多问题亟待解决：（1）数据基础设施中所存储的数据发生泄露会造成巨大的经济损失，在此背景下需要调整资源配置、协调对数据安全性的关注和对数据驱动经济增长的客观需求。（2）区域数据中心的实际需求难以准确估算，导致数据中心市场长期存在局部供需失衡。（3）数据基础设施对环境的负面影响不容忽视，"双碳"目标下绿色数据中心的标准体系和转型机制仍待进一步完善。（4）数据基础设施的建设与管理仍需进一步优化，以应对网络安全与数据保护的挑战。

三、隐私问题

隐私成本是数据推动长期经济增长的重要约束，这隐含了数据隐私相关的政策和技术的重要性。如果数据隐私成本可以不断地削减，那么数据量就可以不断增长并且推动经济体长期增长。具体地，我们可以考虑更好的隐私增强技术，如果消费者的负效用来自于被恶意第三方识别的风险，那么更好的隐私增强技术可以减少隐私暴露，从而激励消费者共享更多的数据，从而带动企业更好地创新和经济增长。更广泛地说，改善数据分配的隐私法规或数据市场也可以激励消费者和企业共享和出售数据，因为他们可以得到更合理的数据对价。相反，若公司没有适当地投资于数据保护措施，市场中侵犯消费者隐私的事件更加频繁，那消费者共享数据的激励会被削弱，数据推动经济增长的动力会更差。在实践中，消费者的数据贡献如果没有得到足够的补偿，会使得消费者共享更少的数据，这可能会降低经济增长率。

一个有趣的思路是，我们需要考虑隐私所伴随的外部性。消费者的数据往往预测了具有相似特征的消费者会采取的行为，这使得消费者数据实际上具有社会性。如果消费者想要隐藏某些信息，但其他类似的消费者提供的数据已经解释了相关的信息，这种负面的数据外部性可能会激励消费者提供过多的数据，这一观察和"隐私悖论"相关。

第二章　数据资本测算及其对
经济增长的贡献

随着数据被广泛地应用于各类经济活动当中，数据已经成为数字经济时代的关键生产要素。本书已经从理论层面对数据要素的特点、数据价值的形成过程以及数据与经济增长的关系进行了探讨。基于这些理论研究，本章将聚焦于对现实经济中数据资本的测算，探究数据究竟在多大程度上对经济增长产生贡献。

第一节　数据资本的基本概念

在开始关于数据资本的讨论之前，首先需要对数据资本的概念进行界定。信息、数据、数据要素、数据资本等概念常常结伴出现，然而它们却有着不同的含义。理解数据资本的内涵及其形成过程是对数据资本存量进行科学度量的基石，也是进一步探究我国数据资本存量对经济增长贡献的必要条件。

一、什么是数据资本

数据是以适合人类或自动化处理的形式对信息进行的表达 [①]，不仅仅包括数字，也包含文本、图片、音频、视频等多种形式。信息广泛地存在于自然以及社会经济活动当中，但是它并不等同于数据，需要通过收集、记录等过程，才能形成数据。值得注意的是，并非所有的数据都具有经济价值。未经加工处理的、无序的原始数据无法直接参与到社会生产经营活动中，从而产生经济收益。原始数据需要经过汇聚、存储、处理等步骤完成数据资源要素化的过程，才能形成具有生产价值的数据要素。

与机器、知识类似，数据要素也具有可积累的特征。历史数据能够继续在当期释放价值，且新旧数据的交汇融合也将进一步提升数据资源的价值。这类不断积累的生产要素在经济学中被统称为资本，例如物质资本、人力资本、知识资本等。因此，不断累积的数据要素可称为数据资本，每年新形成的数据资本为"数据资本形成额"，积累的存量则为"数据资本存量"。

二、测算数据资本的重要性与难点

进入数字经济时代，数字技术的发展以及数字基础设施的普及让数据资本在经济中扮演着愈加重要的角色，极大地促进了生产力。随着数据成为数字经济时代的核心生产要素，数据资本也逐渐成为衡量

[①]　参见《IEC60050》，https://www.electropedia.org/iev/iev.nsf/index?openform&part=171。

地区数字经济发展水平的重要指标。一方面，对数据资本进行测算能够让不同时期、不同地区的数据规模和价值具有可比性，有助于进一步开展数字经济相关的政策制订与评估，从而让数据要素更好地释放价值、促进区域间协调发展。另一方面，虽然已有研究对数据要素贡献经济增长的理论机制进行探讨（Farboodi 和 Veldkamp，2021；Agrawal 等，2018；Jones 和 Tonetti，2020），但在实证领域数据要素究竟在多大程度上拉动经济增长、数据是否已经成为经济增长的新动能仍然缺乏明确的论证，原因之一是目前缺乏合理方法对数据要素规模进行统一测度。因此，对数据资本进行测算已成为经济核算和学术研究的重要议题，对推动数字经济高质量发展、理解数据要素释放价值的经济规律具有重要意义。

由于数据要素相较于传统生产要素有着独特的经济特性，对于数据资本的测算也存在诸多难点。首先，数据来源广泛、类型多元，难以进行统一的衡量。例如，同样为 1GB 大小的视频数据和文本数据其价值并不等同，且同一份数据在不同的加工利用主体手中也可能因为数据挖掘技术的差异而产生不同的经济收益。其次，当前数据市场尚未完善，由于市场价格的缺失，数据的价值估算有一定困难。相当一部分数据是非标准品，其价值取决于质量、稀缺性、应用场景等诸多因素，具有较大的不确定性。最后，数据能够被多主体重复地利用，也能够以较低成本被复制，这进一步为数据资本的测算带来挑战。例如，同样一份数据被多主体利用将释放更多的价值；同时，如果一份数据只是出于安全需要而被备份在不同的存储介质当中，数据的价值并不会随着存储规模的增加而翻倍。可见，虽然大量数据随着数字经济的发展得到积累，但是对不同数据进行简单加总无法准确反映经济中真实的数据要素价值。因此，测量数据资本需要从数据资本的形成过程入手，对数据价值形成的各环节的数据资本进行分别估算，从而更准确地度量数据要素价值。

三、数据资本与数据价值链

数据资本的形成过程与数据价值链紧密关联。早期的研究提出了数据价值链的概念，将其分为数据发掘、数据集成、数据探索三个主要环节（Miller 和 Mork，2013）。随后，一些国家和国际组织也先后对数据价值链的内涵进行界定。例如，经济合作与发展组织（OECD）将个人数据价值链分解为数据的采集或授权、储存与聚合、分析与销售、利用四个环节（OECD，2013）；美国国民经济分析局（BEA）则认为数据要素参与价值创造的链条划分为采集、存储、加工、销售、利用五个环节（Kornfeld，2019）；加拿大统计局（Statistics Canada）则提出了"信息价值链"这一概念，将其划分为观测、数据、数据库和数据科学四个环节（Statistics Canada，2019）。尽管这些研究对数据价值链各环节的划分存在差异，但基本逻辑是相通的，都考虑了从原始数据的采集和收集到数据的分析和利用的完整流程。

基于数据资本积累过程中的重要步骤以及现有的数据价值链相关研究，我们可以将数据价值链划分为三个阶段。第一阶段为数据采集，数据采集相关主体通过应用软件、传感器等渠道将社会与经济活动中丰富的原始信息转换为电子形式的记录，形成可存储、传输的原始数据。第二阶段是数据清洗与存储，即对采集到的数据进行初步处理，将杂乱无序的原始数据按一定标准转换为有序的数据集（称之为基础数据）并将其存储，以便于后续的检索和开发利用。第三阶段是数据加工，指的是结合数据分析技术将基础数据系统性地开发挖掘，让数据能够更好地赋能各类场景下的经济活动，此时数据才真正意义上成为可投入生产活动的数据要素。

第二节　数据资本的测算方法

目前国内外均未形成专门针对于数据资本形成额的统计口径。虽然联合国等组织编制的《2008 年国民账户体系（SNA）》将"数据库"纳入了资本形成额的测算，但"数据库"并非数据资本的完整衡量，传统核算标准对于数据价值的测算是不全面的（Reinsdorf 和 Ribarsky，2019）。在企业层面，当前大量的企业依靠数据开展其业务，但鲜少有企业将数据纳入到其资产负债表当中（Nguyen 和 Paczos，2020）。因此，数据资本的测算需要在传统资本存量的测算方法上进行突破，寻找可行的测算方案，充分地反映数据资本累积环节的价值创造。

现有研究主要认为数据资本测算的基本思路有市场法、收益法和成本法（许宪春等，2022；Reinsdorf 和 Ribarsky，2019）。然而，由于数据要素市场建设尚未完善、数据预期收入测算存在较大不确定性，成本法是当前对数据要素价值进行测算的可行性较高的方法。从现有实践来看，加拿大统计局和美国国民经济分析局已利用成本法对两国的数据资本进行测算。因此，本节将重点介绍数据资本测算的成本法以及基于成本法进行改进的增值法。考虑到数据资本也可以在物理层面以数据存储规模的形式进行测算，本节也将对存储规模法进行简要讨论。

一、成本法

成本法指的是基于数据资本形成与积累过程中产生的成本来对数据资本的价值进行评估。从事数据相关业务的企业是形成数据资本的核心主体，根据传统企业成本的核算范围，企业的成本主要由生产成本、费用成本、税负成本构成，其中企业生产成本可进一步划分为劳动力成本和资本成本。因此，结合第一节中介绍的数据价值链，数据资本形成的成本可以划分为三个部分：在数据采集、数据清洗与存储、数据加工三个环节中发生的一系列劳动力成本；以数据库、服务器、存储设备等为代表的资本成本；企业税负及其他费用成本。在某个年份，将经济体中数据价值链各环节产生的劳动力成本和非劳动力成本进行加总，就得到了数据资本额。

针对数据生产过程中耗费的劳动力成本，刘涛雄等（2023）从职业描述入手，选取全时投入数据相关工作的职业作为目标职业，利用机器学习方法推算各职业与目标职业工作内容的相似度，从而估算各职业投入数据生产各阶段相关工作的时间比例。结合就业人数和平均工资等劳动统计数据，可以进一步计算得到各地区、各行业的数据生产劳动力成本。目前美国国民经济分析局采用的也是这种方法。

非劳动力成本主要由物质资本消耗所构成，目前至少有两种思路可对数据生产中所消耗的物质资本进行核算。一是假定数据生产中的物质资本消耗和人力成本消耗成一定比例，进而根据劳动力成本推算物质资本消耗。二是对各行业数据生产消耗的物质资本直接进行测算，可主要根据各行业消耗的信息与通信技术（Information and Communications Technology，ICT）设备量，在一定假定的基础上进行估计。除了资本成本，非劳动力成本中的其他成本则通常根据各国的实际情况，按照一定比例进行估算。

得到历年数据资本形成额之后，可利用永续盘存法进行数据资本存量的测算。永续盘存法由戈德史密斯（Goldsmith）开创，被普遍用于测算资产存量（张军等，2004）。具体测算的过程为以下几个步骤。首先，对价格因素导致的数据资本形成额变动进行剔除，即使用价格指数将所得到的历年数据资本形成额折算成基年不变价的形式。由于统计局并没有提供"数据资本形成额价格指数"，考虑到数据资本形成过程中，涉及劳动力成本、资本成本等，GDP 平减指数在一定程度上更为合理地反映了这些成本的变化，因此可以选取 GDP 平减指数作为价格指数（刘涛雄等，2023）。其次，利用数据资本形成额的增长率和数据资本折旧率计算基期的数据资本存量。假定在经济稳态增长时，数据资本存量增长率等于数据资本形成额的增长率（单豪杰，2008；金戈，2016），那么只需用折旧率与数据资本形成额的增长率之和去除基年的数据资本形成额，就能得到基年的数据资本存量。若数据资本的使用寿命为 τ，且残值率为 0，我们可以直接采用平均年限法估计数据资本的折旧率为 $\delta_v=1/\tau$。数据资本形成额的增长率可以取基年数据资本形成额到最后一年数据资本形成额的几何年均增长率。最后，根据永续盘存法的思想，当期数据资本存量等于上一期数据资本存量折旧后的值加上当期数据资本形成额，因此可以由基期的数据资本存量依次推导得到每一期的数据资本存量。

二、增值法

在数据价值链中，除了形成数据资本所投入的成本，数据资本自身的增值也不容忽视。尤其在第三阶段数据加工过程中，不同创新型企业对数据进行加工处理而形成的算法可以扩散到整个数据相关行业，让已积累的数据能够应用至更为丰富的经济活动场景当中，从而发挥出更大的价值。这是数据要素利用过程中正外部性的体现，将这一点纳入数据资本的核算过程是非常重要的。实际上数据早已有之，但数据要素的巨大价值则是近年来随着数据分析技术的进步才被认识到的。这就好比在石油开采技术和炼制技术发展出来之前，石油只是深埋在地下的一种物质而已，并没有产生很大的实际价值。上述的成本法并没有考虑一个企业数据分析技术的进步对整个社会的数据价值通过知识外溢而产生的增值作用，未能充分体现数据要素的特征。因此，用成本法进行测算在一定程度上低估了数据资本形成额。

针对这一问题，在成本法的基础上，有学者（刘涛雄等，2023）提出增值法，通过调整成本法测算的理论模型，将算法等数据技术进步所带来的数据价值提升包含在数据资本测算当中。增值法的经济学逻辑可以简单理解为，在数据加工这一环节个别企业数据分析技术的提升可以一定程度上扩散至全行业，因此单个企业实际的数据技术提升水平不再仅仅取决于该企业投入的数据分析劳动力，而是应该和全行业的数据分析劳动力投入相关。在同样的劳动力和资本投入下增值法测算的数据资本形成额要高于成本法的结果，且市场中企业的数量越多，产生的技术外溢越大，考虑算法进步的增值法资本形成额也越大。

在理论推导中，由于增值法资本形成额的增长率等于成本法资本形成额的增长率加上一个含有数据相关企业数量增长率的项，因此在实际增值法测算时，需要先计算成本法数据资本形成额，并对每期的增值法数据资本形成额增长率进行测算。假定在基期成本法和增值法的数据资本形成额相等，则可以根据增长率得到每一期的增值法数据资本形成额，进而通过永续盘存得到增值法数据资本存量的估算结果。

三、存储规模法

成本法和增值法主要是从数据资本形成额的视角开展测算，而对数据在物理意义上的存储规模进行测算同样很有必要。对于生产要素而言，如果其价值很大，但是物理意义上的规模很小，那么这种要素也很难在经济活动中得到大规模的应用，因而也难以成为关键的生产要素。数据的产生要远早于数字经济的蓬勃发展，数字技术的发展以及数据要素重要性的提升都需要以数据被大规模地存储和应用作为前提。因此，对一个经济体积累了多少存储量的数据进行测算有着重要意义，对上述两种数据测算的方法形成有益补充。

存储规模法背后的原理是简洁明了的。数据具有虚拟性的特征，需要被存储在各种实体的存储介质中。而这些存储介质的规模或者容量，则可以反映数据资本的积累水平。例如，一个 16GB 的 U 盘中储存了 8GB 的各类数据，那么这个 U 盘的数据存储规模便为 8GB。在实际操作中，首先，我们需要考虑经济体中有多少的存储介质，即以本国货币计价的全国半导体存储器市场规模，这一数据通常可以通过世界半导体贸易统计协会等行业协会组织获取。其次，需要获取半导体存储器每 GB 的价格，并对数据相关企业进行调研得到存储介质的使用率，结合半导体存储器市场规模计算得到该经济体每年新增的半导体存储器存储规模。最后，继续使用永续盘存法测算经济体中每年累计的数据存储规模。

至此，我们已经对数据资本测算的三类方法进行了介绍。总结而言，成本法是当前数据资本测算研究领域较为成熟的方法，有着坚实的经济学理论支撑。增值法更加强调数据要素的独特经济特性，对数据分析技术在企业间外溢从而导致的数据价值增值予以考虑，是对成本法的一种改进，但是增值部分的测算一定程度上也依赖于理论模型的设定。存储规模法是对物理意义上的数据存储规模进行直接的衡量，具有简洁和客观的优点，但是无法充分地反映数据的实际价值。可见，不同的测算方法各有其优点和不足之处，有必要根据实际研究的需要，选择最为合适的测算方法。

第三节　中国的数据资本

在上一节中，我们了解了数据资本测算的方法，并详细讨论了成本法、增值法以及存储规模法三种方法的原理和测算思路。本小节是对上述方法的应用，我们将对中国 2003—2020 年的数据资本形成额以及数据资本存量进行测算，对我国数据资本积累的特点进行分析。

一、规模与增速

图 2-1 展示了成本法、增值法、存储规模法计算得到的我国数据资本存量折线图。可以发现，三种方法的测算结果中，我国数据资本积累均呈现出逐年加快的特征，特别是在 2011 年之后数据资本存量的增速明显增加。进一步比较成本法和增值法的测算结果，我们可以看到在 2011 年之前，两种方法的结果基本一致。在 2011 年之后，增值法的测算结果开始明显高于成本法，且两者之间的差距逐渐扩大。

这一现象与我国 2011 年以来的数字经济发展紧密关联。2011 年是中国移动互联网元年，自这一年起，各大运营商加大了对移动互联网的投入，智能手机用户迅速增加，以微信为代表的移动端应用软件迎来爆发式增长。随着数字技术的快速发展以及政府对大数据产业日趋重视，以大数据、云计算为代表的行业在中国蓬勃发展，与之伴随的是数据规模的高速增长以及数据处理相关的算法技术迅速更迭。因此，我国数据资本的积累规律以及数据增值的特点在增值法的测算结果中得到了较为准确的体现。为了将 2011 年以来的数据增值纳入考虑，本章后续的讨论中，我们主要采用增值法的测算结果。

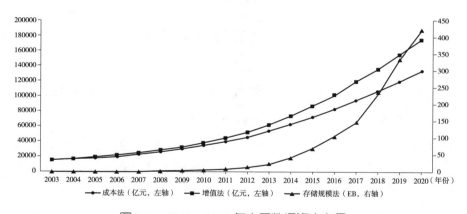

图 2-1　2003—2020 年中国数据资本存量

数据来源：刘涛雄等（2023）。

图 2-2 对 2003—2020 年数据资本存量和 GDP 的人均水平以及增速进行了比较。如图 2-2 所示，2003 年中国人均数据资本存量仅为 0.12 万元 / 人，而这一数字在 2020 年已增长至 1.23 万元 / 人。数据资本存量年均增速为 15.59%，远高于同期 GDP 的年均增速。我国人均数据资本存量和人均 GDP 的比值则从 2003 年的 0.11 增长至 2020 年的 0.32，增长幅度达 2.91 倍。

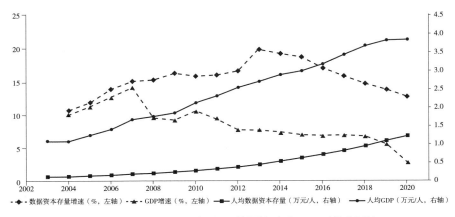

图 2-2　2003—2020 年中国数据资本和 GDP 增速对比

数据来源：刘涛雄等（2023）。

从这些观察可见，随着数字经济的不断发展，我国数据资本存量也得到了较为迅速的提升，数据资本在经济中占据越来越重要的地位。

二、区域分布

由于数字基础设施、人才流动等因素的影响，我国各区域的数字经济发展存在一定差异，因而数据资本在全国各地区的分布也是不均衡的。借助增值法的测算思路，我们同样可以对省份层面的数据资本形成额和数据资本存量进行测算，这不仅有助于我们对区域间数据资本的分布特征进行观察，也是下一节中分析数据资本对经济增长贡献的基础。表 2-1 展示了我国省际数据资本的增值法测算结果。可以发现，我国数据资本存量分布呈现出了非常明显的区域差异，广东、江苏、浙江等经济发展水平高、互联网经济发达的东部地区省份，其数据资本存量明显高于其他省份。从增长动态来看，各省份的数据资本存量在 2003—2020 年均呈现出较大幅度的增长，其中东部地区增长最为明显，中部、西部地区增速差距不大。

数据资本如果过度集中于特定的区域，可能会导致该区域的算力需求过高从而出现算力资源紧张的问题，不利于数据产业的可持续发展。因此，2022 年以来我国推进"东数西算"工程，在西部地区建设数据中心，充分利用东部地区的数据优势和西部地区的资源优势，让数据价值能够更高效、更充分地释放，同时也促进数据要素在区域间的流通。

表 2-1　中国各省份数据资本存量（2003 年不变价，单位：亿元）

地区	年份			地区	年份		
	2003	2012	2020		2003	2012	2020
全国	14880.48	51109.50	174137.67	河南	669.73	2053.00	6612.97
北京	1182.52	6164.86	21179.60	湖北	504.08	1570.53	5082.33
天津	582.63	1192.96	3466.11	湖南	474.10	1432.56	4807.14
河北	526.59	1657.46	5463.08	广东	1653.33	5355.40	21606.73
山西	333.28	939.73	2514.86	广西	306.38	940.64	3148.19
内蒙古	286.18	1010.56	3026.80	海南	74.50	240.69	808.92
辽宁	568.93	1898.19	4686.99	重庆	239.46	953.80	3413.34
吉林	303.95	868.24	2509.26	四川	592.38	2067.87	7877.23
黑龙江	469.00	1383.59	3722.43	贵州	208.17	673.32	2402.92
上海	711.55	3321.21	13051.97	云南	319.42	990.85	3532.90
江苏	1017.71	3388.11	12509.84	西藏	56.09	160.73	584.40
浙江	770.79	3311.64	11129.83	陕西	394.86	1296.65	4190.04
安徽	291.42	1148.32	4003.11	甘肃	234.99	577.08	1940.32
福建	385.12	1549.46	4945.68	青海	96.91	222.75	704.55
江西	294.43	906.71	3018.35	宁夏	84.19	222.19	594.62
山东	952.22	2757.22	9034.18	新疆	295.58	853.18	2568.99

数据来源：刘涛雄等（2023）。

三、行业分布

图 2-3 对比了 2003 年和 2020 年数据资本形成额排名前十的行业，以及数据资本在行业间的分布特征和变化趋势。

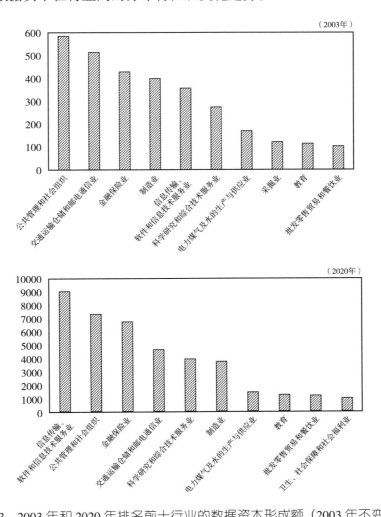

图 2-3 2003 年和 2020 年排名前十行业的数据资本形成额（2003 年不变价，单位：亿元）

数据来源：刘涛雄等（2023）。

由图 2-3 可见，虽然 2003 年和 2020 年排名前十的行业构成大致相同，但这些行业间的相对排名发生了一定的变化。例如，2003 年，公共管理和社会组织是数据资本形成额最高的行业，且在 2020 年该行业仍然排名靠前，说明该行业能够较为稳定地产生数据并完成数据价值的积累。再如，信息传输、软件和信息技术服务业在 2003 年仅排名第五位，而在 2020 年已成为数据资本形成额最高的行业，数据资本形成额在十余年间增长近 25 倍。这主要是因为信息传输、软件和信息技术服务业与数据价值链上的各类活动紧密关联，随着我国移动互联网的蓬勃发展，该行业涌入大量的人才、吸引了大量的投资，也衍生了许多数据驱动型的商业模式乃至新兴经济业态，数据资本形成额因而得到快速地增长。

第四节 数据资本对经济增长的贡献：以中国为例

基于数据资本测算的结果，我们可以对数据要素研究领域的众多关键问题进行实证层面的探索。其中，我们最为关注的一个问题便是数据资本究竟在多大程度上贡献于经济增长。现有的理论研究大多认为，数据要素能够通过提高生产效率、驱动知识生产等多种方式推动经济的增长（Muller 等，2018；Akcigit 和 Liu，2016；Jones 和 Tonetti，2020）。然而，在实证领域，由于缺乏数据来源，鲜有研究为数据对经济增长的贡献提供可信的度量。本节将以中国为例，基于上一小节中我国历年各省份数据资本测算结果，对数据资本对经济增长的贡献大小进行实证检验，探索数据资本在中国经济增长中所扮演的角色。

一、数据资本对经济增长的贡献

为了比较数据资本（D）、物质资本（K）、人力资本（H）、劳动力（L）对于经济总产出的贡献，我们首先需要在基于传统的柯布—道格拉斯生产函数中引入数据资本，并对各类生产要素的产出弹性系数进行测算。在经济学中，产出弹性衡量的是当一种生产要素投入增加一定比例时，产出量会相应增加多少。为了验证数据资本对于经济的拉动作用，我们可以通过简单的线性回归对数据资本的产出弹性进行估计。

具体而言，回归的因变量是各省份每年的劳均产出，自变量为各省份每年的劳均数据资本、劳均物质资本和劳均人力资本，各变量均取对数值处理。为了比较第二节中成本法与增值法的不同，我们在回归中分别采用了成本法与增值法的测算结果作为数据资本存量的数据来源。为了避免 2020 年新冠疫情的冲击对结果造成影响，此处选取 2003—2019 年为研究时段。回归结果显示，采用成本法和增值法测算出来的数据资本，其产出弹性均为 0.11。这一结果的经济学含义是，2003—2019 年，数据资本每增加 1%，可带动总产出增长约 0.11%。2003—2019 年，数据资本对中国经济增长的产出弹性系数低于物质资本和人力资本。

基于回归结果中各项投入的产出弹性，我们可以进一步计算 2003—2019 年各生产要素对中国经济增长的平均贡献率。根据索洛增长理论，经济增长可被分解为各项生产要素产出弹性系数与增长率的乘积（即生产要素项）以及全要素生产率（TFP，又称索洛余量）。拆分后各生产要素项对经济增长项的占比即为各生产要素对经济增长的贡献率。例如，假设经济增长率为 10%，分解后的数据资本项（即数据资本的产出弹性乘以数据资本的增速）为 2%，那么数据资本对于经济增长的贡献率为 20%。基于前文中对产出弹性系数的估计，我们可以计算各年各省份中各项要素对增长的贡献率，取平均值后得到各生产要素对经济增长率的平均贡献率，结果如表 2-2 所示。2003—2019 年，物质资本和人力资本仍然是对中国经济增长率的平均贡献率最大的生产要素。就数据资本而言，增值法下数据资本对 GDP 增长率的平均贡献率为 16.30%，要高于成本法所对应的 15.52%。

表 2-2　2003—2019 年我国各类生产要素对 GDP 增长的平均贡献率

面板 1：成本法					
生产要素	*K*	*H*	*D*	*L*	*TFP*
对经济增长率的平均贡献率	39.23%	40.32%	15.52%	1.40%	3.53%
面板 2：增值法					
生产要素	*K*	*H*	*D*	*L*	*TFP*
对经济增长率的平均贡献率	40.19%	39.90%	16.30%	1.46%	2.15%

数据来源：刘涛雄等（2023）。

综合上述结果，可以发现，数据要素在中国过去十多年的经济增长过程中作出了不可忽视的贡献，已经成为一类重要的生产要素。值得注意的是，在以上的分析当中，数据资本对经济增长的贡献暂时还未超越物质资本和人力资本。随着中国经济进入后高速增长的新时期，物质资本对经济增长的贡献呈下降趋势（白重恩、张琼，2014），人口老龄化问题也使得人力资本对增长的贡献面临考验。在此背景下，我们更为关注的问题是，数据资本在未来能否成为拉动中国经济增长的新动能。考虑到数据资本的积累以及数据价值的释放随时间并非呈线性，下面我们将对研究时段进行进一步细分，探究不同时期数据资本对经济增长贡献大小的变化，以更好地探索数据资本驱动经济增长的潜能。

二、不同时期数据资本对经济增长贡献的变化

在本章第三节中，我们发现 2011 年前后数据资本积累的规模和增速发生了较为明显的转变。而这一转变也与我国在 2011 年以来数字经济的蓬勃发展密切关联。在此我们以 2011 年为节点，将 2011—2019 年定义为数字经济时期，将 2003—2011 年定义为传统经济时期，依托于增值法测算的数据资本结果，对这两个阶段分别进行回归分析。

分阶段的回归结果显示，在传统经济时期，数据资本的产出弹性仅为 0.14，明显小于物质资本和人力资本的 0.30 和 0.44，数据资本的增长对 GDP 增长的带动作用相对较小；而到了数字经济时期，数据资本的产出弹性达到了 0.19，这意味着数据资本每增长 1%，可以带动 GDP 增长 0.19%。与传统经济时期相比，数字经济时期数据对经济增长的带动作用得到显著提升，其产出弹性大小与人力资本接近。

同样地，我们可以进一步计算不同时期数据资本对于 GDP 增长率的平均贡献率。如表 2-3 所示，在传统经济时期，数据资本对 GDP 增长率的平均贡献率仅为 13.65%，其重要性明显低于物质资本和人力资本；进入数字经济时期，数据资本对 GDP 增长率的平均贡献率达到了 34.46%，相比较传统经济时期而言得到了显著提升，成

为最重要的生产要素之一。值得注意的是，随着数据在经济中的重要性得到提升，进入数字经济时代后物质资本和人力资本的平均贡献率均呈现较为明显的下降，但全要素生产率（TFP）的平均贡献率却得到了上升。在未来，当人工智能、5G 等数字技术不断发展，数据资本将更加深入地渗透到经济中的各个部门和行业，数据资本对于经济的带动作用将更加显著，数据有望成为中国经济长期增长的关键生产要素。

表 2-3　不同时期我国各类生产要素对 GDP 增长的平均贡献率

面板 1：传统经济时期（2003—2011 年）					
生产要素	K	H	D	L	TFP
对经济增长率的平均贡献率	46.11%	35.41%	13.65%	2.50%	2.33%
面板 2：数字经济时期（2011—2019 年）					
生产要素	K	H	D	L	TFP
对经济增长率的平均贡献率	37.44%	21.50%	34.46%	2.09%	4.51%

数据来源：刘涛雄等（2023）。

　　本节对中国的数据资本进行了测算，并对数据资本对经济增长贡献开展了初步的实证研究，这些工作不仅有助于我们理解数据要素生产、积累以及参与经济活动的规律，同时也有着很强的政策启示。从提升数据资本存量、推动数字经济发展角度出发，应当立足于数据资本形成的三大环节，积极发展数据分析相关的数字技术，推动数据产业的发展，完善数据基础制度，从而充分释放数据价值，加快数据资本积累。从数据采集到数据分析，数据产业的壮大也将创造大量的就业岗位，吸纳劳动力，为数字经济时代的高质量就业作出贡献。从区域协调发展、共享数据红利的视角来看，基于数据资本在我国区域间分布的特点，应当优化数据产业空间布局，引导不同区域在发展数据产业时充分发挥各自的比较优势，促进数据要素、数字技术、数据分析人才在区域间的充分流动，实现区域间的协同互补。

第三章　数据要素的微观经济学基础

当前，数据已然成为一种关键的经济要素，并在微观市场中发挥独特作用。从微观经济学的视角来看，数据不仅是信息的载体，更是企业竞争优势的来源之一。数据的获取、分析和利用能够显著影响企业的市场势力和决策能力，进而影响资源配置和市场均衡。然而，在数据外部性和隐私保护方面也面临着复杂的挑战。在隐私泄露和数据滥用的风险下，数据的负外部性，常常导致市场失灵和数据价格的扭曲。因此，深入理解数据的微观经济学基础，探讨如何优化数据产权配置和市场机制，以更好地平衡创新驱动与消费者保护，是当前经济学研究和政策制定的核心议题。这不仅为构建更公平高效的数据流通环境提供了理论支持，也有助于推动数字经济的可持续发展。

第一节　数据要素的微观理论

微观理论研究数据要素主要从数据承载的信息和数据外部性两个角度出发。前者沿着信息经济学的路径，认为数据作为信息的载体，是"数据时代"企业形成市场势力的一类重要资源。例如，Acquisti 等（2016）指出，企业收集消费者数据加剧了信息不对称并降低了消费者的议价能力；Begenau 等（2018）指出，拥有数据越多的企业拥有越强的信息分析能力，从而能在投资预测、风险控制、降低成本等方面取得优势。实践中，消费者数据常被用于精准营销，尽管与数据收集的花费相比并不总是有利可图（Marotta 等，2019）。其他研究还关注于金融市场借贷双方数据可得性的福利影响（Jansen 等，2022），银行和金融科技企业采用不同商业模式采集、共享、交易数据的福利效应（谢丹夏等，2022）等问题。

后者基于数据外部性的假设，认为在消费者与数据收集者的互动中，数据具有负的隐私外部性，探讨数据权利的最优分配和数据市场的建设。具体而言，数据的负外部性指的是，消费者群组间的聚类特征使得部分消费者的数据共享能够使得数据收集者（通常是平台企业）对未共享数据的消费者群体做出影响其福利的行为。Acemoglu 等（2022b）认为，个人数据共享不仅会置自己的隐私于风险中，还会损害与个人信息相关的其他人的隐私；这种负外部性造成了过度的个人数据共享，造成个人数据的过低定价，并且动态地看，这会导致消费者轻视自己的隐私，从而放弃自己正当的数据权利，并且，企业之间的竞争并不能解决这一问题，但引入第三方中介可以缓解市场低效。李三希等（2023）讨论了数据共享和激励数据投资之间的权衡，并研究了不同数据产权和数据价格管制上限对资源配置效率的影响。

Liu 等（2020）从少数隐私保护意志不坚定的消费者对其他消费者的负外部性出发，说明了《通用数据保护条例》（GDPR）和 CCPA 不同的数据共享默认规则的福利影响。Dosis 等（2019）发现市场均衡趋向于让高价值数据掌握在企业手中，而消费者只掌握低价值数据。Ichihashi（2021）则通过引入数据中介之间的竞争，阐述了如下机制：数据的非竞争性导致企业出于对消费者"一数多卖"的担忧，而并不会为数据支付高溢价。尽管消费者拥有数据的排他性权利，但数据中介在均衡时往往取得市场势力和更高利润，且市场竞争并不能缓和这一点。在两期模型的框架下，Cong 等（2023）指出，数据来源于消费者的经济行为和平台数据基础设施的投资，而数据的积累能够提升平台服务水平，提高平台市场势力，以及激励平台投资更多数据基础设施；若平台第一阶段已存在优势（用户基础、市场份额等优势），那么第二阶段的平台市场势力将得到进一步扩大，继而导致第二阶段市场竞争被削弱；分散的消费者并不会考虑数据的提供对平台的影响，因此会过度或过少进行数据分享，导致消费者福利受损。数据共享协议、消费者隐私保护、平台承诺和数据市场并不能充分解决上述市场无效率，而用户联盟（User Union）不失为一种潜在的解决方案。换句话说，由于考虑了数据能够提升平台服务水平以及提高平台的市场势力和投资激励，用户联盟代表并协调分散的消费者，继而最大化他们的福利水平，解决了市场失灵所带来的福利的损失。Delbono 等（2021）指出，数据可得性会从两个方面影响企业决策：一方面，企业可以运用数据中的信息实施价格歧视以从消费者处获取剩余；另一方面，数据的可得性会引起企业之间对市场份额更激烈的抢夺。最终导致市场均衡背离社会最优。Martens（2021）也指出，企业掌握数据一方面可以给消费者带来更高质量服务，另一方面会利用数据带来的信息优势剥削消费者。De Cornière 等（2020）和 Bounie 等（2021）进一步探讨了数据中介合并对数据采集和消费者福利的影响。Farboodi 等（2022）为数据在微观理论中的作用提供了详尽的综述。

此外，还有学者对数据交易中的不完全契约问题进行了研究（龚强等，2022；杨竺松等，2023）。

第二节　数据隐私

隐私经济学根植于信息经济学（Acquisti 等，2016）。在近期对数据的研究中，研究者普遍将数据具有隐私泄露风险、会为消费者带来负效用作为基本假设（Jones 等，2020；Cong 等，2021）。有关数据隐私的理论和实证研究较为丰富，Martin 等（2017）、Goldfarb 等（2023）对此进行了全面的综述。本节仅对重点文献进行简要介绍。

从理论角度，Fainmesser 等（2023）研究了数字企业收集用户数据的动机，并比较了数据驱动型业务和使用驱动型业务中，企业不同的数据收集和保护动机。其中数据驱动型业务通常会更积极地收集用户数据，因为这些数据直接影响其核心业务决策；而这也意味着这些企业需要在隐私保护方面投入更多的资源，以防止数据泄露和滥用。Acquisti 等（2016）讨论了隐私悖论（Privacy Paradox），即消费者在声明重视隐私的同时，却常常愿意为了获得某些数字服务而分享大量个人数据。Kokolakis（2017）进一步指出，这种现象可能源于消费者对隐私风险和利益之间权衡的不对称理解，具体而言，消费者可能低估了长期的隐私风险，而高估了短期的利益。在隐私保护机制方面，Taylor（2004）提出了基于信任的隐私保护模型，认为企业可以通过建立和维护消费者信任来提高数据收集效率。这一模型得到了后续研究的验证，如 Hann 等（2007）发现，消费者对企业隐私政策的信任程度显著影响了其数据分享意愿。Beresford 等（2012）探讨了隐私成本（Privacy Cost）对消费者行为的影响，发现当消费者能够明确了解数据分享带来的隐私成本时，其分享意愿显著降低。这一发现提示企业在设计数据收集策略时，需要平衡数据获取和隐私保护之间的关系。在数据匿名化方面，Dwork（2008）提出了差分隐私（Differential Privacy）概念，旨在通过算法手段保护数据主体的隐私。这为后续研究提供了基础，如 Abowd 和 Schmutte（2019）进一步探讨了差分隐私在大规模数据分析中的应用，证明了其在保护隐私和维持数据实用性之间的平衡。

实证角度，Winegar 等（2019）指出，单凭问卷对消费者保护和出卖数据意愿的测量是极其不准确的。Chen 等（2021）证实了这一点，并将二者之间的无关性称之为"数据隐私悖论"（Data Privacy Paradox）。他们运用阿里生态下的第三方小程序数据发现，越重视数据隐私的消费者因为对数字服务有着越强烈的需求，反而授权越多的数据。换言之，社会对数据隐私的顾虑与对数字服务的需求同向增长。Lin 等（2023）则采用实验发现，消费者的选择结构对消费者数据共享的总量和代表性存在重大影响。通过设计不同的选择情境，他们发现当消费者面临更多选择时，其数据分享意愿显著下降；这一结果提示企业在数据收集过程中，应慎重设计用户选择情境，以避免因过多选择而导致的数据获取困难。而 Ramadorai 等（2020）则发现企业会制定复杂的消费者数据保护政策来保证从消费者处获得足够的数据授权，他们认为尤其是在涉及敏感数据时，透明且详细的隐私政策能够显著提高消费者的数据分享意愿。

第三节　数据产品

数据产品通常被定义为通过数据的收集、存储、处理和分析，生成有价值的产物，这些产物可以是信息、预测模型、决策支持系统等

（Chen 和 Iyer，2002；Shy 和 Stenbacka，2013）。技术进步对数据产品发展起关键作用，Bergemann 等（2015）认为，近年来机器学习、深度学习等技术的突破，使数据产品的应用领域不断扩大，从传统的商业分析扩展到医疗、金融、农业等领域。

研究者对数据产品做出不同分类，信息型数据产品主要包括数据报告和可视化工具，用于提供信息和见解（Belleflamme 和 Vergote，2016）；分析型数据产品包括各种预测模型和机器学习模型，用于支持决策（Chen 等，2020）；自动化数据产品通过数据驱动的自动化系统，实现流程优化和自动化决策（Taylor 和 Wagman，2014）。研究者在数据产品的生产与价值创造、市场结构、定价策略等方面多有研究。

数据产品具有非竞争性和非排他性，多个用户可以同时使用同一数据集而不互相影响（Belleflamme 等，2020），这使得数据产品的边际成本趋近于零。数据产品的开发和维护成本高，但其边际生产成本低，因此在大规模应用中，能够显现出明显的规模经济效应（Anderson 等，2019）。Shapiro 和 Varian（2018）同样讨论了数字产品市场的规模经济特性，其初期开发成本巨大，但复制和分发成本微不足道。Li 和 Zhang（2021）分析了数据在提升数字产品价值中的作用。他们认为，用户生成的数据整合到产品开发周期中，可以实现持续改进和定制化，从而提高消费者满意度和产品价值。

数字产品的市场结构通常具有网络效应，产品的价值随用户数量的增加而增加。Rochet 和 Tirole（2003）提供了理解双边市场的基础框架，强调了平台如何平衡不同用户群体的利益以最大化整体价值。Shaffer 和 Zhang（2002）认为更多用户使用某款数据产品，能生成更多的数据，进而提升产品的性能和准确性。数据产品市场中常见垄断和寡头现象，大型科技公司利用其在数据收集和处理上的优势，占据市场主导地位，然而随着数据开放政策的推进，更多的小型公司和初创企业也在进入这一市场（Shy 和 Stenbacka，2016）。Wang 和 Liu（2022）探讨了中国数字平台的竞争动态，识别了影响平台主导地位的关键因素，包括用户基数大小、数据分析能力和监管环境，并认为数据驱动的战略对在数字经济中保持竞争优势至关重要。

由于独特的成本结构和网络效应，数字产品的定价策略与传统商品不同。Armstrong 和 Zhou（2010）较早地提出了基于数据贡献度的动态定价模型，以反映数据在不同应用中的价值。Gu 等（2019）认为数据产品的定价不仅受数据质量和数量的影响，还与数据的独特性和使用场景相关。Gu 等（2020）提出的动态定价模型考虑了数据的质量和数量因素。Zhang 等（2021）进一步发展了基于数据贡献度的定价策略，认为这种策略可以更公平地反映数据的市场价值。Varian（2019）讨论了版本化和捆绑销售作为数字产品的有效定价策略，以使企业能够更有效地细分市场并捕捉消费者剩余。Zhang 和 Chen（2023）研究了个性化定价对数字市场中消费者福利的影响，认为虽然个性化定价可以增加企业利润，但也引发了隐私和公平方面的担忧。

第四节　数据交易

数据交易是数据作为商品在市场中的交换活动，包括数据的买卖、租赁和共享（Chen 和 Liu，2020）。根据交易内容，数据交易可分为原始数据交易、数据分析结果交易和数据服务交易（Zhang 等，2021）。

数据交易中普遍存在信息不对称与价格歧视的问题。Chen 和 Liu（2020）研究指出，数据交易中的买方难以完全了解数据的质量和价值，这种信息不对称会降低市场效率，建议通过标准化数据质量认证来缓解这一问题。Gu 等（2020）研究了数据交易的价格歧视，数据卖方可以根据买方的需求和支付能力实行差别定价，从而最大化收益。Liu 等（2022）进一步探讨了第三度价格歧视的影响，发现这种策略可以降低市场竞争，提高企业利润，但可能损害消费者福利。Hoy 和 Milne（2013）的研究表明，消费者在使用社交网络时对隐私的关注程度存在性别差异，男性和女性在隐私保护措施上的偏好和行为有所不同。Jensen 等（2005）则发现，尽管很多消费者声称重视隐私，但实际行为往往与其自我报告不一致。

数字交易受数据驱动的消费者偏好和行为洞察的强烈影响。Acquisti 等（2016）探讨了数据收集与消费者隐私之间的权衡。他们认为虽然数据收集增强了产品个性化和消费者满意度，但也带来了显著的隐私风险。Liu 和 Li（2020）研究了数字经济中消费者对数据隐私的态度，发现中国消费者对数据隐私的关注日益增加。他们呼吁加强监管框架，以在保护消费者数据的同时促进数字市场的创新。

在政策方面，数据隐私保护和共享政策对数据产品的发展影响较大。欧盟的《通用数据保护条例》（GDPR）等法规对数据的收集和使用提出了严格要求，这在一定程度上限制了数据产品的发展（Colombo 等，2021）。数字产品的监管环境正在迅速变化，Ezrachi 和 Stucke（2016）强调监管数字垄断和确保公平竞争的挑战，认为需要更新反垄断政策，以应对数字市场的独特特征。Shy 和 Stenbacka（2019）认为数据开放政策和隐私保护法规可以促进市场竞争，降低垄断风险。Yang 和 Sun（2021）聚焦于中国政府平衡创新与监管的策略，通过分析《网络安全法》和《个人信息保护法》等政策举措，提供了关于促进健康数字经济的监管策略的见解。Zhou（2022）研究了中小企业进入数据市场的障碍，建议以政府支持和技术创新来降低这些障碍。

第五节　人工智能与经济增长

目前研究人工智能（AI）与经济增长之间的关系大致有两种思路。第一种思路是观察 AI 与劳动力的替代关系对全要素生产率的影响。AI 的生产仍然依赖于物质资本和人力资本投入（Lu，2021），但忽视了数据在其中扮演的角色；Cong 等（2021）和 Cong 等（2022）提出数据创新内生增长模型，将数据要素作为创新部门的生产要素，并参与知识生产的过程，强调创新过程对数据隐私风险的脱敏效应。Xie 和 Zhang（2022）提出广义数据经济增长模型，讨论除消费者数据之外的生产者数据和自然数据作为创新部门的生产要素，参与知识生产过程，继而创造新技术、新知识和新行业。

AI 对劳动力市场产生了巨大冲击，大量文献实证检验了 AI 技术对于劳动力市场的影响。早期文献主要从计算机和信息技术角度，研究新技术的引入对就业市场的影响。Krueger（1993）利用当前人口调查和高中及以上学历调查数据库，估计计算机引入对工资差距的影响。Autor 等（1998）研究计算机技术引入对于劳动力需求和工资差异的影响。但是，大部分研究重在指出变量间的相关性而非因果关系。接着，Autor 等（2003）进一步剖析高学历劳动力需求提高的成因，提出计算机能够替代常规的认知和重复性工作，并且对解决复杂的问题提供辅助：通过美国人口普查和当前人口调查数据库，测算因计算机引入导致职业任务的结构变化，发现对高学历劳动力需求增长的解释力达到 60%。Autor 和 Dorn（2013）基于理论和实证分析，发现 1980—2005 年计算机引入会产生就业岗位极化（Employment Polarization）和工资极化（Wage Polarization）的趋势，即高技能和低技能就业岗位和工资增长相对较快，但中等技能的增长相对较慢。

随着 AI 技术的出现和普及，大量的学者开始研究 AI 技术的引入对就业市场的影响，但是主要关注工业机器人引入和普的影响。Graetz 和 Michaels（2018）基于国际比较的视角，实证检验了工业机器人的引入对劳动生产率的影响，发现 1993—2007 年在工业机器人的引入下劳动生产率的增长达到 0.36 个百分点，进而提高所有工人的收入，并且利用各国职业的"可替代性"作为工具变量解决模型的识别问题。Acemoglu 和 Restrepo（2020）基于 1990—2007 年的美国就业市场，发现工业机器人技术（即生产自动化）与其他设备和技术的差异，并且对美国就业市场和工资产生了负面效应。Dauth 等（2018）研究 1994—2014 年的德国就业市场，发现工业机器人的引入并未导致总就业的减少，尽管部分制造业就业岗位被机器人替代，但是商业服务的就业岗位有所提升，弥补制造业就业岗位的流失；同时，员工也未被公司解雇，反而是调整岗位继续留在公司服务。基于丹麦的就业市场，Humlum（2019）建立关于企业在引入工业机器人下如何重新组织生产过程的动态一般均衡模型，分析福利变化的群体异质性，估计机器人的引入使得工资提升 0.8%，并发现福利受损的群体主要集中在年长的生产工人，但年轻工人通过就业再培训反而能够受惠。还有学者从需求的角度讨论自动化的引入对就业市场的影响，发现当产品需求富有弹性，那么该技术的引入反而创造更多的就业，继而削弱新技术替代人的负面效应（Bessen，2018）。最后，还有学者从国际贸易、全球价值链的视角讨论工业机器人引入的影响。基于墨西哥就业市场，Faber（2020）研究了美国工业机器人引入对国际生产外包的影响，发现企业减少从墨西哥进口中间品，继而对墨西哥就业产生负面影响，并利用其他国家的工业机器人使用量水平作为工具变量解决模型的识别问题。但是仅聚焦于工业机器人这项技术可能忽略了其他 AI 技术的影响，目前也有少量文献关注更为广义的 AI 技术，例如监督和非监督学习算法、自然语言处理、机器翻译或图像识别等 AI 相关活动，并研究对就业市场的影响。Acemoglu 等（2022a）利用企业微观数据，实证发现 AI 的引入导致劳动技能需求发生改变（例如在新技能需求增加和部分技能需求减少两方面都具有显著影响），并且对总体就业产生负面效应。

第二种思路是从理论上探究 AI 技术（自动化）对于经济增长、就业市场的影响，大致可分为两种方式。Zeira（1998）、Aghion 等（2017）和 Acemoglu 和 Restrepo（2018）将自动化技术纳入生产函数，继而考虑对就业、劳动力结构和经济增长的影响；此外，有一些学者基于资本异质性的角度刻画人工智能技术的引入，例如 Lankisch 等（2017）和 Prettner（2019）将人工智能视为区别于普通资本的智能资本纳入生产函数，进而研究劳动收入差距的变化。但是，前者是相对主流的研究方式，因此我们将做更详细的介绍。

Zeira（1998）首次将自动化纳入生产函数，他的研究提出了一种新的生产函数形式——生产的产出被表示为多个投入要素的组合，每个投入要素对产出的贡献按照一定的比例分配，并且这些比例之和等于 1。虽然 Zeira（1998）的研究主要集中在中间产品的自动化生产上，但我们采用了 Acemoglu 和 Autor（2011）提出的基于任务的框架。在这个框架中，一些任务由劳动者顺序完成，而另一些任务则可以由机器完成。具体而言，某些任务只能由劳动者完成，而其他任务则可以被机器替代。通过将资本和劳动分别聚合起来，我们可以将生产函数转化为一种新的形式，其中自动化率代表了生产过程中自动化的程度。Zeira（1998）将这个生产函数纳入标准的新古典增长模型中，并假设投资率恒定。研究结果表明，较高的自动化程度可以显著促进长期经济增长。

Acemoglu 和 Restrepo（2018）认为，通过以下几个渠道，AI、自动化的出现会持续增加劳动力的需求。一是用廉价机器替代人力劳动力产生了生产力效应。随着生产自动化任务的成本下降，经济将扩大，并增加对非自动化任务中劳动力的需求。二是自动化增加（增加了对资本的需求）引发的资本积累也会增加对劳动力的需求。三是自动化机器能够提高旧机器的生产效率，并通过生产效率渠道扩展到对于劳动力的需求。四是尽管部分生产任务被机器所替代，但是其他新技术的出现会催生新的人类具有比较优势的生产任务。而第四个渠道被认为是更为重要的（Acemoglu 和 Restrepo，2018）。一方面，自动化通过取代工人，可能会创造更大的劳动力池，并被用于新任务；另一方面，目前讨论最多的自动化技术、人工智能本身可以作为一个平台，在许多服务行业中创造新的任务。但是，新任务所需的技能和现有劳动力所掌握的技能并不一定完美适配，这将会对劳动力需求的成长产生阻碍（Acemoglu 和 Restrepo，2018）。Acemoglu 和 Restrepo（2018）还讨论了社会可能出现过度自动化的现象，例如劳动力市场不完全或税法对资本的偏见等因素。

在 Zeira（1998）的基础上，Aghion 等（2017）还讨论了存在自动化的情况下的鲍莫尔病（Baumol's "Cost Disease"），并推出经济达到平衡增长路径的充分条件，即自动化程度接近百分之百。这篇文章还将自动化技术纳入创新部门的生产，以产生新思想、新知识（New Ideas），并研究对经济增长和就业的影响。具体而言，创新的增长率取决于一个常数，乘以所有创新投入（比如研发活动）的加权平均值。这意味着，创新增长不仅仅依赖于单个因素，而是所有投入的综合效果。每个创新投入都会对最终的创新增长产生影响，只不过影响的程度会有所不同，通过加权平均的方式来体现这种差异。换句话说，整个创新系统的效率和产出取决于各个部分共同的努力和贡献。

与生产部门自动化类似，一些研发任务只能由研发人员完成，不可被机器替代，进一步简化创新部门的生产函数。自动化技术提高了创新研发的效率，更进一步推动长期经济增长。随着人工智能越来越多地取代人们而产生新思想、新知识，持续的自动化可能会消除人口增长在经济增长方面的作用。在平衡增长路径上，经济实现指数级增长，不仅是因为实际人数的增长，还因为人工智能隐含的研究自动化。尽管创新部门生产的自动化程度在模型中是外生的，但是自动化的引入在推动经济增长方面仍是发挥主导作用的（First-Order Effects）。此外，Jones（1995）还讨论了经济爆炸性增长的可能性。从理论上，人工智能可以产生某种形式的奇点，甚至可能导致经济在有限时间内实现无限收入。如果在组合任务时替代弹性小于1，这似乎就要求所有任务都要实现自动化。但是，基于柯布—道格拉斯生产函数，即使在缺乏完全自动化的情况下，奇点也可能发生，因为知识的非竞争性会带来更高的回报。最后，这篇文章研究了有关资本份额与自动化同步演变的行业证据。与总资本份额的增长相一致的是，许多行业（尤其是服务以外的行业）的资本份额似乎也在上升，这与自动化的情况大致一致。

国内也有大量文献研究 AI 对经济增长和就业的影响。杨光和侯钰（2020）基于国际比较的视角，实证检验了工业机器人的引入对经济增长的长期效应，同时发现全要素生产率的提高是工业机器人影响经济增长的重要传导机制。陈彦斌等（2019）基于动态一般均衡模型，表明自动化通过提高生产活动劳动力需求、促进资本积累以及提高全要素生产率三个渠道，有助于应对老龄化对于经济增长的不利影响。闫雪凌等（2020）与王永钦和董雯（2020）分别从行业和企业的角度，均识别出工业机器人的引入对制造业就业的负面效应，但是对员工薪酬的影响并不明显，同时后者发现制造业在机器人技术引入下出现"就业极化"的趋势。还有的学者研究工业机器人引入的外溢效应。王文等（2020）发现工业机器人的引入提高生产性服务业和高端服务就业人员的占比，推动中国服务业结构升级而非低端锁定。黄亮雄等（2023）基于 2009—2019 年 CEPII BACI 六位码进出口产品数据和世界银行 WDI 数据库，提出工业机器人的应用缩小发达国家和发展中国家之间的全球价值链的议价能力差异，并且通过上下游行业关联产生的效果更大。陈楠和蔡跃洲（2022）不局限于工业机器人的研究，基于中国人工智能技术的知识产权的发展，研究新一代信息技术、新一代自动化技术和知识生产元技术等不同种类的人工智能技术对经济增长的影响，其传导机制包括要素替代、效率提升和知识创造等。

算力[①] 的提升提高数据的利用效率，进而推动长期经济增长。算力自第二次世界大战之后增长迅速，且单位算力价格下降显著（Nordhaus，2001）。根据 Nordhaus（2007）测算，1850—2006 年，算力（每秒计算量）的年平均增长率达 20%。其中 1944 年是算力爆

---

① 算力计量方面，Hans Moravec、Kenneth Knight 都发展出了一套算力计算指数，也有用每百万次操作所需时间（MIPS）用来测量算力。

发增长的拐点，在此之后到 1980 年，算力价格以年均 37% 的速度下降，1980—2006 年更是达到 64%。Xie 等（2023）提出了数字经济通论，认为数据作为生产要素并非单独发挥价值，而与数据处理器和数据存储器等实体介质的资源分配息息相关，而数据的积累会受到数据存储器的约束，数据的利用效率会受到竞争性的算力影响；他们将算力与存储、数据及算法等数字经济重要组件纳入到统一的模型框架内进行分析，形成更加广义的数字经济理论。

AI 可能通过降低劳动回报率，使得人们更不愿意生育（Benzell和 Brynjolfsson，2019）。但有的学者发现，AI 技术可能有助于缓解发达国家人口出生率低迷的问题。现有文献都大量着墨于 AI 技术对就业市场的影响，但是忽视了雇佣劳动与生产任务的关系。生产任务可以是一个更为广义的概念，而雇佣劳动并非完全代表生产任务本身，它只是人们在闲暇、家庭生产产品、市场生产产品之间权衡的结果（Stevenson，2018）。长期经济增长将会受到有限的且不可被机器复制的要素的约束（Korinek 和 Stiglitz，2018），那么，人可以从事什么不能被机器替代的生产任务呢？ Wei 和 Xie（2022）将生产任务进一步拓展至家庭生产，并讨论难以被自动化（机器）所替代的任务（生育），讨论 AI 对于人口出生率的影响，认为 AI 导致家庭收入结构更加依赖资本收入，继而降低生孩子的时间成本，但提高资本稀释的成本。并提出当父母对孩子的偏好达到一定的阈值时，人口出生率将会提高，人口将会实现持续正增长。

第四章　数据流通和分配

生产、分配、交换和消费是社会再生产的有机组成部分。当前，我国数据要素再生产各环节中，生产和消费日益旺盛，而分配和交换则面临着不同程度的阻碍。本章聚焦数据要素的流通和分配问题，在数据流通部分，介绍了数据流通方式的理论和实践，归纳了数据要素场内交易和场外交易的发展现状，强调数据流通生态体系的建立需要实现数据物权交割、数据价格撮合、数据交易辅助体系的有机统一。在数据分配部分，梳理了目前数据要素收益分配在权属关系、收益切分、定价机制方面的困难，总结了数据收益分配的三大原则即市场运作、贡献导向和公平共享，据此阐述了数据收益初次分配、再分配、三次分配的制度设计。

第一节　数据要素的流通

一、数据流通的 O-S-T 框架

数字经济时代，数据已成为新的生产资料，数据流通是数据要素价值释放的关键环节。类比劳动、资本、土地、知识、技术等生产要素，数据要素的价值不仅在于本身的数量和质量，更在于其能否被有

效地流通和利用。数据流通是数据进入社会化大生产的必要条件，是数据要素化的本质（清华大学金融科技研究院，2023）。除自产自用型数据外，数据流通是数据要素融入生产环节的基础与前提。只有打通数据流通渠道，企业才能更好地了解市场需求和消费者偏好，优化产品和服务，进行精准营销和智能决策，促进知识生产和创新创造，加快形成新质生产力；政府据此更准确地制定政策和规划，提升社会治理水平，推动国家治理体系和治理能力现代化。数据流通从各个方面打破了"信息孤岛"带来的数据闲置状态，实现数据资源的共享和协同，提高数据要素的利用效率，对于推动数字经济腾飞、提升社会整体效益具有重要意义。

随着数据流通重要性的凸显，不同领域的学者围绕数据要素的流通方式开展了许多探索。从法学视角出发，数据要素的利用秩序可以划分为一对一许可、互为许可和一对多（众）许可三种，三种许可机制在达成路径上还存在市场化和非市场化方式的区别（高富平，2019）。计算机领域则将数据要素的流通方式分为数据交换（Data Interchange）、数据开放（Data Open）、数据交易（Data Trading）和数据共享（Data Sharing）。在电子商务理论下，数据流通市场可以划分为五种模式：数据管道（1 对 1）、客户主导的数据集市（n 对 1）、供应商主导的数据集市（1 对 n）、数据平台市场（n 对 m）、做市商市场（n 对 1 对 m）（Choi 等，1997；Cappiello 等，2020；黄丽华等，2022）。

综合学术界和产业界的探索，本书将数据要素的流通方式归纳为三类，即数据开放、数据共享和数据交易，并据此搭建了数据要素流通的开放—共享—交易（Open-Sharing-Trading，O-S-T）框架（见图 4-1）。

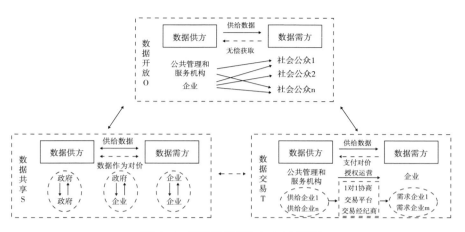

图 4-1　数据流通的 O-S-T 框架

在数据开放（Data Open）模式下，数据供给方将数据分享给需求方，需求方无偿获取数据，这种数据流通形式是单向的，没有货币或其他对价形式作为交换媒介参与其中。数据开放的适用场景主要有两类：一是部分公共数据面向社会主体的开放，以推动社会治理、数字经济等的发展。例如，《北京市公共数据管理办法》将适用于开放的公共数据划分为无条件开放和有条件开放两个类别，规定无条件开放的公共数据依托开放平台向所有单位和自然人提供，有条件开放的公共数据则仅向符合申请条件的单位和自然人提供。二是部分企业面向社会的信息披露，以保护投资者权益，促进企业规范化运作。例如，上市公司应按照《中华人民共和国证券法》《上市公司信息披露管理办法》等法律法规的要求，披露招股说明书、上市公告书、定期报告以及临时报告等；非上市国有企业应根据《中华人民共和国公司法》《中华人民共和国企业国有资产法》《国务院国有资产监督管理委员会国有资产监督管理信息公开实施办法》等，向政府、人大以及社会公众公开国有资产的状况和监督管理情况。数据开放表现为数据拥有者在某种规则的约束下或社会压力的驱使下公开信息，一般采用非市场化的一对多许可模式。

在数据共享（Data Sharing）模式下，数据主体既是数据供给方，也是数据需求方，相互让渡数据使用权，在双向的数据流通中，供需双方通过数据要素支付对价，从而无需货币媒介的参与。根据共享主体的不同，数据共享可分为政府间共享、政企间共享和企业间共享。政府间的数据共享即不同的公共管理和服务机构互相分享在履行职责过程中依法产生、采集的数据资源，如贵州省以云上贵州统揽省市县三级所有政府部门的信息系统和数据，实现一云统揽、一网通办、一平台服务，形成了具有贵州特色的政务数据治理体系，提升政府管理和民生服务水平。政企间的数据共享充分发挥政府的信息优势和企业的业务优势，直接释放数据的经济和社会价值。目前，政企之间的数据共享正在不断开拓，如广州市市场监督管理局与美团、饿了么等电商平台企业合作，共享餐饮服务提供者证照、食品安全量化评定等级等信息，赋能食品安全领域的协同治理。由于涉及市场竞争和商业秘密，企业间的数据共享整体上规模较小。如商业银行通过共享客户的基础信息、信用记录、消费行为数据，可以更好地进行风险评估和信贷决策，但涉及客户的核心数据通常无法共享。数据共享采用非市场化的互为许可模式，通过一对一协商谈判，搭建不同主体之间的数据管道。

在数据交易（Data Trading）模式下，数据供给方有偿向数据需求方供给数据产品或服务，数据需求方直接支付费用或以提供技术服务等方式进行偿还，数据交易是数据的单向流通形式。数据交易采用市场化的一对一、一对多许可形式。黄丽华等（2022）提出，应根据描述复杂性、资产专用性为市面上的数据产品与服务匹配不同的交易模式。在该理论下，具有相对较高标准化程度的数据集适用于 n 对 m

的数据平台市场和 n 对 1 对 m 的做市商市场，对应我国目前的数据交易所（平台）和数据经纪商；API 数据接口等具有较高描述复杂性的数据产品应在 1 对 n 或 n 对 1 的数据集市上流通；而数据处理、分析、应用等服务具有高度的定制化特征，应该采取 1 对 1 的数据管道形式，不适合在数据平台市场上大规模流通。通常来讲，数据交易发生在政企之间和企业之间。政企之间的数据交易以公共数据授权运营的形式开展，《关于构建数据基础制度更好发挥数据要素作用的意见》（以下简称"数据二十条"）规定，用于产业发展和行业发展的公共数据应有条件有偿使用，即地方政府通过大数据管理部门汇集公共管理和服务机构的公共数据，将其授权给具有资质的大数据集团等运营主体进行开发利用，形成数据产品或服务投入市场化场景，并通过收取数据授权使用费、利润分成等非税收入形式获取数据要素对价。关于公共数据授权运营的内容将在本书第五章详细展开。企业之间的数据交易则相对灵活，目前主要通过场内交易和场外交易两种形式进行，详细内容将在下文展开。

总的来说，在数据要素流通的 O–S–T 框架下，本书强调不同类型数据、同一类型数据在不同的应用场景下具有不同的流通方式。数据开放、数据共享和数据交易在数据要素流通生态的构建中发挥了三足鼎立的效果。当然，由于数据开放和数据共享具有较明确的使用范围和清晰的流通路径，数据交易作为实践中更一般、更普遍的数据流通形式，成为本书关注的重点内容。

二、数据要素的场内交易

《"十四五"数字经济发展规划》提出，要加快数据要素市场化流通，培育发展数据交易平台。"数据二十条"则提出了"场内集中交易"和"场外分散交易"的概念，强调要统筹构建规范高效的数据交易场所，这就在顶层设计上将数据要素的交易划分为场内交易和场外交易两大板块。

所谓"场内交易"，通常是指在特定的数据交易场所或平台上进行的数据产品或服务的交易行为。类比证券交易所，数据要素的场内交易具有高效性、透明化、安全性、生态化四大集约优势。一是交易高效性。对于数据要素来说，高效交易尤为重要，这是源于其具有时效性和价值易逝性的特点，如果不能及时完成交易，就可能导致数据价值的损失。场内交易采用集中撮合的交易方式，买卖订单汇集到中心化交易平台上进行处理，通过高度自动化的电子交易系统，供需双方可以迅速匹配到交易对手方，从而避免搜寻和筛选的繁琐过程，降低搜寻决策成本。二是交易透明化。在场内交易中，所有的买卖信息实时更新，包括交易主体资质、交易产品价格、成交情况等关键数据，供需双方可以根据最新的市场行情和报价做出决策，减少因为信息不对称而导致的交易延误和成本增加，提高交易市场的公平性。三是交易安全性。场内交易是监管直接触达并覆盖的地方，交易双方权利义务明确，在交易规则、风险控制等严格监管约束下开展合法、合规交易；全流程的交易备案也为数据权属争议的解决固定证据，有助于保护交易双方的权益，维护市场的稳定和健康发展。四是交易生态化。作为双边交易平台，场内交易不仅是一个简单的买卖场所，更是汇聚众多市场交易者的生态系统，场内交易可以发挥"网络效应"，吸引越来越多的市场交易者参与其中，建立正反馈机制，增加数据市场的高质量供给、刺激有效需求，提高市场的价格发现功能和交易撮合功能，促进数据的互联互通和协同发展。

场内交易场所的建设围绕"国家级数据交易所（平台）—区域性数据交易所（平台）—行业性数据交易平台"的框架展开，逐步形成数据交易的场内体系。国家级数据交易所主要突出公益属性和准公共服务职能，通过制定和实施数据交易标准规范、监管数据交易行为、保障数据交易安全、推动交易信息互联互通，发挥统一数据要素市场的基础保障功能，引领并维护良好的数据市场秩序。区域性数据交易所作为交易市场的"守门人"，切实服务于区域内数据要素的交易，其交易活动通常局限于特定地理区域或经济区域内，便于更精准地把握当地的市场环境、行业需求、政策法规，推动区域内数据资源优化配置，促进数字特色产业的发展和创新。行业性数据交易平台汇聚行业数据，形成规模优势，赋能专业化行业应用场景，这类交易机构在行业法规的指导下专注于特定行业如金融、医疗、教育、交通等的数据价值挖掘，通过定制化的数据交易服务，为行业发展提供强有力的数据支撑。

我国数据要素的场内交易主要分为两个阶段。2014—2020 年为早期摸索阶段，以贵阳大数据交易所等的成立为标志，各地开始探索数据交易的可能范式；2020 年以来，随着数据制度设计的强化，以北京、上海等地成立新一批数据交易所为标志，场内交易进入新的发展阶段，更加注重交易生态的建设，力求提供贯穿交易前中后全流程的多维服务。如上海数据交易所首发"数商"生态体系，北京国际大数据交易所打造数据可用不可见、用途可控可计量的技术架构等。本书整理了 2014—2023 年我国陆续成立的 52 家数据交易场所，详见附录表 1。

三、数据要素的场外交易

数据要素的场外交易是指数据产品或服务在特定交易场所之外的交易，由供需双方点对点或依托第三方完成。场外交易因其低门槛、灵活性、定制化而具有存在的必要性。一是交易的低门槛。数据进场交易需要经过交易主体资质认证、产品核验、登记备案等一系列程序，而场外交易可以规避类似的程序性成本，买卖双方直接洽谈，简化了数据交易的流程；同时，场外交易中参与主体众多，交易双方可以寻求专业的第三方机构辅助交易，降低了数据交易对技术、知识的要求。二是交易的灵活性。场外交易没有标准产品、统一定价和集中竞价的要求，交易双方可以根据具体条件进行协商，更好地适应数据的复杂、个性化交易场景。三是交易的定制化。正如前文所述，部分具有高描述复杂性、高专用性的数据产品或服务不适合大规模的进场交易，场外交易为这部分数据提供了流通空间，满足特定行业或场景对数据要素的需求。

数据商是场外交易得以正常运转的重要主体。所谓数据商，是指为数据交易双方提供数据产品开发、发布、承销和数据资产的合规化、标准化、增值化服务的机构。近年来，我国数据商成长迅速，包括数据采集商、资源集成商、加工处理商、产品供应商等数据要素供给侧企业，数据经纪商、数据交付服务商、仲裁服务商等数据要素流通侧企业等，从数据收集、处理、分析和应用等各个环节，为数字经济的发展提供了有力支撑。

现阶段，由于数据要素场内交易的标准、规则尚未完善，国家级的数据交易场所仍未建立，场外交易作为民间数据交易的先行者、非正式制度的探索者逐渐发展起来。相较于场内交易而言，数据要素的场外交易市场规模更大。根据上海数据交易所的研究，2013—2023年，我国数商企业数量已从约11万家增长到超过100万家。然而，场外交易亦存在劣势，如交易活动相对分散，产品流动性差；交易缺乏透明性，容易存在信息不对称和违约风险；交易局限于少数主要的报价商，存在价格操纵和道德风险等问题。在此背景下，"数据二十条"规定，要推进数据交易场所与数据商功能分离，鼓励各类数据商进场交易。该规定对场内、场外协同发展提出了要求，而协同的重要抓手就是推进数据商进场交易。

四、数据要素交易生态的建立

为了推动数据要素的交易，本书提出了基于数据物权交割体系、数据价格撮合体系、数据交易辅助体系三位一体的数据交易生态系统架构（见图4-2）。

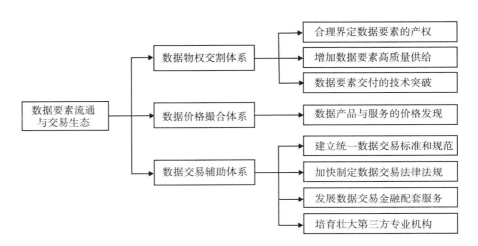

图4-2　数据要素流通和交易的生态构建

　　数据物权交割体系涉及数据的权利界定与转移，数据产品与服务的供给与送达。合理界定产权是要素流转的基础与前提，数据要素在产权界定与转移方面存在两个特点：一方面，由于生成机制的多主体参与性，数据要素讲究"一数多权"，目前，基于数据资源持有权、数据加工使用权、数据产品经营权的"三权分置"理论逐渐趋于成熟，为妥善划分数据权利提供理论基础；另一方面，不同于传统产权理论，数据要素的流通不过分强调"所有权"问题，通过淡化"所有权"，突出"使用权"，最大限度地刺激数据要素的流转。在数据产品供给方面，数据市场面临着有效供给不足、产品标准化和商品化不足两大难题。虽然我国数据资源富集优势显著，但大多数据资源仍处于原始状态，能直接产生经济和社会价值的数据占比小，高质量数据资源体系尚未建立。此外，由于数据的非实物性，数据的安全送达如传输安全性、传输完整性、传输效率、交付确认等方面也有赖于制度和技术上的突破。

　　数据价格撮合体系涉及数据产品与服务的价格形成及价格实现机制，其核心问题是数据的价格发现。价格信号是市场交易的指挥棒，数据定价理论及实践的欠缺成为阻碍数据市场化流通的关键。目前，用于数字化发展的公共数据按政府指导定价有偿使用，企业与个人信息数据则实行市场自主定价。2024 年 1 月，财政部印发《关于加强数据资产管理的指导意见》，提出探索建立公共数据拍卖竞价的市场价格发现机制。然而，由于数据交易市场暂未发展成熟，且数据要素具有与传统生产要素的不同特征，传统定价方法适用性受到限制（许宪春等，2022），数据价格撮合体系呼唤数据估值定价模型及方法的演进。

　　数据交易辅助体系涉及数据交易的标准研究、法律法规、金融保险等配套制度及第三方专业机构的建立。整体上，数据交易的标准研究与法规建设落后于数据交易实践，数据交易自发、失序状态多见。为了改善该状况，应从四个方面发力：一是加强数据交易标准研究，汇聚业界专家、学者和政府监管机构的力量，推动建立统一的数据交易标准和规范，包括数据格式、数据质量、数据定价、数据交付等方面的标准，降低交易成本和市场风险；二是完善数据法律法规体系，加快制定数据交易相关法律法规，明确数据交易各方的权利义务、交易规则、违约责任等，建立数据交易纠纷解决机制，强化数据交易的法律监管；三是推进金融保险等配套制度建设，发展与数据交易相适应的金融产品和服务，推动建立数据交易信用体系，为数据交易提供风险保障；四是培育和发展第三方专业机构，鼓励和支持第三方机构参与数据交易辅助服务，如数据评估机构、数据审计机构、数据交易中介等，加强第三方机构的监管和认证，提高数据交易的专业化水平和市场化程度。

第二节　数据要素的收益分配

一、数据要素三次分配的作用和边界

数据要素收益分配应当正确处理效率和公平的关系，构建数据要素收益的初次分配、再分配、三次分配协调配套的基础性制度安排，在数据要素驱动高质量发展中促进共同富裕。

充分发挥三次分配在数字经济共同富裕中的功能，必须要厘清数

据要素收益三次分配的作用和边界。整体而言，初次分配注重市场机制和数据要素的贡献评价，再分配通过政府手段调节要素收入差距，三次分配则通过社会力量的公益慈善活动进一步促进公共利益和社会福祉（赵忠，2021）。

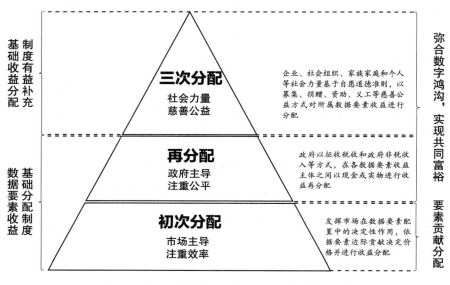

图 4-3　数据要素收益三次分配的作用和边界

（一）初次分配：市场决定的效率优先分配

　　初次分配是数据要素收益的基础分配制度，其核心在于发挥市场在数据要素配置中的决定性作用，根据要素边际贡献决定其价格并进行要素收益分配。市场作为主导力量，通过竞争形成的价格信号来反映数据要素的稀缺性和需求，引导数据要素资源向更高效率方向流动配置。这些价格信号是数据要素市场主体做出流通交易决策的基础，反映数据要素的供需情况和市场价值。在初次分配过程中，数据要素供给方根据其对生产过程的边际贡献获得相匹配的收益，其中边际贡献的确定一般通过市场竞争确定，即在其他条件不变的情况下，该要素增加一个单位所能带来的额外经济收益，这部分经济收益包括直接经济收益和数字化转型的间接收益等。初次分配可以采用分红、提成、奖励津贴、作价入股等多种收益共享方式。杨铭鑫等（2022）研究指出，在数据要素市场培育期，应着力推进资源成本核算和交易主体登记；在数据要素市场成熟期，要完善资产定价和劳动分配激励机制；在数据要素市场变革期，则要创新发展数据资本化运营制度模式，发展数据证券、质押融资、数据信托等衍生金融产品和服务。

尽管初次分配注重数据要素配置效率，但效率与公平的平衡同样重要。数据要素市场参与者需要遵守市场规则和相关标准，确保市场化的公平竞争环境。政府和监管部门则负责纠正出现的各类市场失灵，保护数据要素消费者和弱势群体的合法利益。由于数据要素市场参与者的禀赋能力和市场力量往往存在个体或群体差异，注重效率的初次分配必然会导致要素收入的不平等和不均衡分布，容易忽视数据要素社会价值的挖掘释放。因此，初次分配的结果需要通过再分配和三次分配制度来进一步调节，以促进社会整体福利提升，实现数据要素驱动下的共同富裕。

为了提高初次分配的效率和公平，政府可以采取一系列措施：强化数据产权保护，鼓励数据要素企业创新和数字技术发展，确保数据要素创新获得相匹配的收入回报；强化市场准入的公平性，防止垄断和不公平竞争，为所有市场参与者提供平等的机会；强化数据要素市场监管，减少信息不对称，确保市场参与者基于相对充分信息进行数据要素的流通交易；加大数据要素素质教育和专业人员培训力度，提升议价能力，大幅提高数据要素人力资本水平。初次分配是数据要素收益分配体系的起点，为后续的再分配和三次分配奠定了基础，通过市场竞争机制和政府监管，实现数据要素资源的合规高效配置和收益的合理分配。

（二）再分配：政府主导的公平分配调整

数据要素收益的再分配是在初次分配的基础上，政府通过税收、转移支付等财政手段在各数据要素收益主体之间以现金或实物进行要素收入的分配调整。这一过程的核心是政府主导的对初次分配中产生的收入不平等、收入差距和收益不均衡分配的纠正，以促进社会公平。为了实现这些目标，政府可以采取包括但不限于以下手段：实施税收政策，如对数据要素产生的收益征收数据税，以调节数据收益分配；建立数据共享机制，鼓励或要求数据持有者共享数据，使更多人能够访问和利用数据；通过法律和政策手段确保数据使用权的公平分配，防止数据垄断现象的发生。

实施数据要素收益再分配的主要挑战集中在公共数据和企业数据的开放共享方面。公共数据的开放共享对于提升政府透明度、促进社会创新和增强公民参与具有重要意义，然而，由于缺乏开放共享的意愿和相关激励机制，公共数据的高质量开放共享面临障碍。同样地，企业数据的开放共享能够带来行业协同效应和创新驱动，但企业可能出于保护商业秘密、维持竞争优势或对收益分配的不确定性而缺乏开放数据的动力。完善公共数据开放共享政策和鼓励企业数据资源自愿开放共享，是推动数据要素收益再分配的关键措施。

总之，数据要素收益的再分配过程是一个需要政府综合考虑数据要素特征属性、社会公平正义、经济价值和社会价值平衡以及数据要素共同富裕的复杂过程。政府在其中起着至关重要的作用，通过制定和执行有效的财政、税收等政策，有效缩小数据要素市场参与者之间的收入差距，推动数据要素收益的公平分配。

（三）三次分配：社会慈善公益的有益补充

三次分配作为一种非强制性、基于自愿原则的收益分配方式，是对初次分配和再分配的有益补充，主要通过民间组织、企业和个人的慈善、捐赠、志愿服务等形式进行，以促进社会公平和共同富裕。与政府主导的再分配不同，三次分配的自愿性体现在个人或组织的行为不受强制性政策的约束，其非政府性表明分配主体是民间组织、企业、家族、个人等非政府实体，而其社会性则关注社会整体福祉，支持数据要素的弱势群体或公共利益和社会福祉。

在数据要素收益的三次分配实践中，企业和个人可以将数据要素的部分收益投入到公益项目中，如开放数据资源支持教育、科研等公益活动；数据持有者也可将其拥有的数据资源捐赠给高校、科研院所或公共开放数据库等，促进数据共享和数据驱动创新；通过建立公益数据信托，将数据的管理权和收益权委托给独立第三方，用于社会慈善或公益目的。然而，三次分配也面临一些挑战，包括需要建立合适的激励机制鼓励引导社会力量参与、确保公益慈善活动的透明度和监管，以及提高社会公众对三次分配重要性的认知和认可，培养社会公众的慈善公益意识。为了应对这些挑战，相关政策建议包括：为参与三次分配的个人和企业提供税收减免，以激励更多的资源投入到社会公益中；制定相关法律法规，明确三次分配的主体、对象、方式和监管机制；建立和完善数据共享和捐赠平台，降低参与门槛，提高操作便利性；通过公共媒体和教育系统，提高公众对数据要素收益三次分配的认识和参与度。

三次分配在数据要素收益分配体系中扮演着独特而重要的角色，

通过非强制性的、基于自愿的分配方式，作为市场和政府主导数据要素收益分配制度的有益补充，促进数据资源要素的公平分配、社会福祉改善提升以及数字鸿沟的弥合。

二、数据要素收益分配的难点问题

数据要素的流通制度与分配制度是一体两面的关系。一方面，没有数据的流通，收益分配就无从谈起，数据流通为数据分配提供基础，同时流通体系的完善也促进了数据收益的合理分配；另一方面，分配制度为数据流通提供激励，引导数据流通的方向和规模，没有完善的分配体系的支撑，数据流通将难以持续。在数字经济高速发展的背景下，数据要素的收益分配愈发重要。然而，收益分配面临的问题也逐渐凸显。本书将数据收益分配的难点问题按照三次分配层次进行归纳，表现为以下几个方面。

（一）初次分配的难点问题

其一，数据要素权属界定难，产权规则不清晰制约了收益的合理划分。现行的法律体系和产权规则仍以传统的物理资产为主要服务对象，难以适配数据要素的新特点。数据的产生和流通涉及多方主体，包括数据生产者、数据处理者、数据撮合者、数据使用者等，每一方都可能对数据产生不同程度的贡献，这导致各参与方对数据的权益主张往往难以调和，收益分配无法达成共识（熊巧琴、汤珂，2021）。例如，一个用户的购物数据，既包含了用户个人的特征和行为信息，也涉及商家通过提供服务积累数据的商业策略，同时还可以被第三方数据分析公司收集加工后用于市场研究。在这个过程中，消费者个人、商家平台和第三方数据分析公司都有激励声明其对数据收益的索取权。此外，由于数据要素的非竞争性和可复制性，持有权、使用权和收益权规则的不清晰将导致数据收益分配的不合理。特别是在数据流通交易过程中，收益的分配将偏向于数据控制能力强、谈判能力大的一方，而忽视了数据生产者和其他利益相关方的贡献，由此产生数字经济收益分配的结构性失衡问题。这种不公平的收益分配机制，抑制了数据生产者的积极性，阻碍了数据要素的有效流通和利用。

其二，数据要素贡献剥离难，数据要素的经济特性导致收益难以切分。首先，数据要素具有高度的整合性、协同性和外部性，它们往往需要与其他数据集合并使用才能发挥更大效用。例如，在智慧交通领域，通过将来自道路摄像头、车载 GPS、公共交通系统的实时交通运行数据与气象、市政道路数据等相结合，可以提高交通系统的运行效率和安全性，提升城市交通管理质量和居民出行体验。在这种情况下，数据的价值来源于多个数据源的协同效应，单独某一方的数据贡献就难以量化和剥离，给收益分配带来天然的难题。其次，数据价值具有场景依赖性和用户异质性。数据的价值很大程度上取决于其应用场景和分析方法，在不同的应用场景下，数据各主体间的收益分配模式不能一概而论。此外，数据的非独占性和非排他性特征也加剧了收益切分的难度。数据可以被多个用户同时使用而不会减少其可用价值，这导致数据的独占性收益难以实现，数据要素价值创造过程呈现复杂的多线条态势，影响了数据贡献者之间的收益分配。

其三，数据要素收益分配形式不足，权属复杂和数据共生缺少合理分配机制。具体体现在以下两个方面：一是产权分配问题。传统数据收益分配过于集中于所有权与知识产权，即谁拥有数据或数据知识产权，谁就享有其带来的全部或大部分经济利益。这种做法忽视了数据多方参与下的复杂权属特征，造成对数据使用权、经营权等分置权利主体投入和贡献的分配不足或不当问题，即现有数据收益分配实践缺乏按照"三权分置"数据产权制度的权属分配机制。例如公共数据授权运用中运营主体对公共数据资源进行开发活动行使的加工使用权如何在公共数据产品交易后进行收益分配。二是技术分配问题。随着数字技术的快速发展和创新应用，数据生成和生产方式变得更加复杂和协同，多方参与同一数据流通环节使得单纯依靠收益分配制度确定每个参与方对数据价值贡献的确切比例、明确数据的权属界定以及合理划分权益变得异常困难。例如基于联邦学习的数据生成后的收益分配问题、公共数据授权运营不同开发主体的技术投入后的利润分配问题、数据交易所中数据质量评价技术不同涉及的收益分配问题等（张潇扬等，2023）。

其四，数据资源价值评估难，价值易变特征制约收益精准计量。具体体现在以下两个方面：一是数据资源价值评估的复杂性。复杂性主要体现在数据资源价值的不确定性、易变性和场景依赖性（欧阳日辉、龚伟，2022）。企业在利用数据资源开发形成数据产品或服务对外流通时，面临的挑战是如何精准测度其产生的经济利益。尤其在金融、互联网、智能服务和制造等数据资源利用较为成熟的领域之外，其他行业的数据资源价值尚未得到充分挖掘和释放。绝大多数企业仍处于数字化转型的初级阶段，对数据资源的开发利用仍局限于基础的归集整理和统计分析，远未深入到价值创造的层面。这导致数据资源的经济收益流入有高度不确定性，企业难以判断其是否能产生足够的收益来覆盖成本。同时，企业内部使用的数据资源虽然能够支撑决策、提高效率、降低成本，但其经济价值的量化识别同样充满挑战。这些价值通常需要通过数字化转型带来的间接收益来确认，但这种确认过程同样复杂、难以精准测度量化。因此，数据资源的价值评估不仅需要考虑其在特定应用场景下的直接经济贡献，还要评估其在企业整体数字化转型中所起的间接作用，这增加了评估的难度和复杂性。二是现有数据资源价值评估方法的时效性问题。2023 年 9 月，中评协发布《数据资产评估指导意见》，旨在为数据资产价值评估提供标准化和规范化的方法指导。然而，数据科技领域正经历快速的变革，数据的类型、结构和特性随着时间和技术进步不断演化，反映了数据形态多样性和复杂性的增加。这些变化可能使现有评估指导文件中的某些内容和方法变得不再适用或不够精确，如果现有的评估体系不能有效应对新的数据形态和技术，可能会导致数据资源价值被低估或高估，影响数据交易、数据资产管理和决策制定。问题的核心在于，如何确保数据资源价值评估方法能够紧跟这些变化，准确反映数据资源的真实价值。这涉及研究新的数据形态和技术对数据资源价值的影响，以及如何在价值评估体系中融入这些新元素以保持其相关性和准确性。

其五，数据要素价格机制不健全，数据要素收益分配缺乏基点。在既有的商品经济体系中，商品和服务的价格围绕其价值并在市场供求关系的调节下波动，形成了相对明确的定价基准。然而，数据作为一种新型生产要素，其价值评估和定价机制远比一般商品复杂，且在数据要素市场发展的早期，定价体系尚未建立，这导致数据要素收益分配缺乏参考依据（欧阳日辉、龚伟，2022）。当前，数据要素的定价主要依赖于一对一的询价和议价，缺乏统一、高效的数据交易平台和完善的市场估值定价机制，从而影响了收益分配额度的确定。具体体现在以下两个方面：一是公共数据价格机制的不确定性。主要的挑战在于公共数据在定价时，除了遵循真实性、公平性、无套利、隐私保护和计算效率基本原则外，还应做到平衡好数源单位和运营主体之间的关系（王锦霄等，2024）。一方面，公共数据作为一种重要的社会资源，其价格设定需要考虑到公共利益，需要平衡好社会价值和经济价值。另一方面，收集、处理、存储和维护数据的成本不容忽视，合理的价格制定可以帮助回收这些成本，同时激励数据的持续更新和质量提升。此外，公共数据授权运营包括授权阶段的公共数据资源定价、一级开发阶段的公共数据资源定价和二级开发阶段的公共数据产品或服务定价，涉及多个定价主体和利益相关者，不同的利益相关者对公共数据的需求和价值评估各不相同，这也增加了制定统一定价策略的复杂性。例如，政府机构可能更注重数据的公共服务性，商业实体可能更关注数据的商业价值，而运营主体则需要同时兼顾公共属性和经济价值。因此，这个问题揭示了公共数据定价机制需要综合考虑成本回收、数据质量、利益平衡和社会责任等多重因素，目前缺乏一个普遍接受的定价框架或标准（卢延纯等，2023）。二是数据产品和服务领域中多样化的价格发现机制及其接受度和推广情况的不确定性。数据产品和服务的形态繁多，包括数据集、分析报告、商业智能解决方案、API 服务等。与此同时，价格发现机制也呈现出多样性，包括但不限于按需定价、阶梯定价、订阅制定价等。然而，在这些价格发现机制是否应该被广泛接受和推广方面，业界尚未形成统一的共识。一方面，不同的定价机制适应不同类型的数据产品和服务，反映了市场需求和供应的多样性。例如，对于一些具有独特价值、高需求或特定用途的数据集可能更适合按拍卖定价，而基础数据服务可能更适合订阅模式或按使用量定价。另一方面，由于数据产品和服务市场仍在迅速发展和变化，各种价格发现机制的有效性和可行性也在不断受到检验。这使得各个市场参与者在选择和实施定价策略时可能存在犹疑和不确定性。比如，一些价格发现机制可能在特定行业或场景下效果显著，但在其他情况下则可能不适用。

除了以上宏观制度层面的收益分配难点问题，其他层面的收益分配问题同样需要重视。具体如下。

其一，科研类数据供给与利用程度不足，缺乏有效收益分配激励机制。数据，尤其是重大科学基础设施、野外台站、科研仪器、科学计算等产生的各类科研数据，是发展新质生产力的关键要素。如何在确保科技、经济与国家安全的前提下促进科研数据开放共享和流通利用，是推动科研数据要素化和价值化的重要前提和锚点。然而，目前我国科研类数据整体共享和流通利用程度较低，大量科研数据闲置，供给相对不足。例如，国家大科学装置产生的数据以及科研院所采集的专业领域数据等，往往都是在科研过程中收集存储的，但由于缺乏有效的共享激励机制设计，科研人员或者数据贡献人极少选择主动共享数据，不利于科研类数据资源的价值释放。因此，当下亟须设计有效的收益分配激励制度，提升科研数据的供给水平。

其二，数据垄断形势仍不容乐观。数据垄断现象严重扭曲了数据要素收益的初次分配，导致市场竞争受损以及消费者利益被侵蚀。部分大型平台利用自身数据优势如数据分析能力等，对用户行为进行深度挖掘，从而实现对市场的精准控制，因而对入驻商家进行了不公平的限制和排他性操作。大型平台利用数据优势进行市场控制，通过限制商家数据访问和排他性销售策略，加剧数据要素收益分配的不平等，扭曲收益的初次分配过程。例如，大型平台要求商家在其平台独家销售，禁止在其他平台进行推广和销售。再比如，某大型电商平台对数据的控制非常严格，不允许入驻的商家下载或以任何方式访问自己店铺的详细交易数据；商家只能通过平台提供的有限接口和报告来查看简化的数据，而这些数据不足以进行深入的市场分析或业务优化。以上平台数据垄断问题严重损害了其他小型平台和新入市竞争者的公平竞争机会，严重制约数据要素收益的初次分配效率。

（二）再分配与三次分配的难点问题

其一，公共数据开放共享质量水平有待提升，"不愿"与"不能"阻碍社会价值释放。具体体现在两个方面：一是公共数据开放的"不愿"与"不能"困境，反映在实践中就是公共数据供给质量低下和供给水平严重不足（高丰，2023）。公共数据的采集、汇聚等环节缺乏高效的技术手段，导致数据收集的全面性和实时性不足。受限于数据安全、隐私保护等因素，政府和公共事业单位所能开放的公共数据数量相对较少。已开放的公共数据存在数据格式不规范、数据缺失、数据质量低等问题，影响了数据的使用效果。公共数据在政府、企业和公众之间的流动受到限制，未能形成广泛的应用场景，使得公共数据的社会价值未能得到充分释放，不利于开放公共数据资源收益的普惠共享（赵申豪，2023）。二是授权运营模式下公共数据资源的开放共享有待加强。授权运营的公共数据资源往往涉及公众的身份信息、财产信息和行为足迹信息，企业水电消费、税收信息，国家安全相关的地理信息、关键资源、涉密信息等，其经济社会价值远高于公共数据开放模式中的公共数据资源。然而，当下的授权运营实践缺少对这部分用于运营、开发和利用的、需要有偿使用的公共数据资源的开放和共享制度安排。未来亟须考虑在确保这部分公共数据资源开放共享的安全性和隐私保护、平衡开放共享的利益与风险前提下，如何激励授权运营面向产业发展企业有偿使用的公共数据用于公共治理与公益事业。

　　其二，企业数据资源开放共享不足，数据自留制约企业数据价值的普惠共享。在数据要素领域，一些企业尤其是垄断型平台企业，往往由于缺乏足够的激励机制而不愿基于社会责任和公共利益开放共享自身的数据资源。往往这些企业拥有大量高价值数据资源，对于推动社会创新、数字治理和经济发展具有重要意义。一旦有科学的引导机制将这部分高价值企业数据资源开放共享出来，社会公众就能通过对这些数据资源的开发利用平等普惠地享受到这部分数据要素收益，进而逐渐打破数据要素收益分配的不均衡格局。然而，出于商业利益、竞争压力或数据安全等考虑，这些企业往往不愿意开放或极为有限地共享其数据资源。问题核心在于如何设计和实施有效的激励机制，鼓励和引导这些拥有丰富数据资源的企业认识到开放数据的社会价值，激励它们在不损害自身商业利益的前提下开放共享数据资源。

　　其三，数据要素收益分配不均衡，区域和群体间分配不均衡导致数字鸿沟。这个问题主要关注数据要素收益分配如何实现向数据贫困地区和弱势群体的倾斜，并有效开展对这些地区和群体的保障帮扶。特别是在数据要素规模效应递增的情况下，大型数据企业获得了显著的规模收益，这些企业如何通过公益、慈善或捐赠等承担更多的社会责任，以促进数据收益的公平分配和社会福祉（周利等，2020；何宗樾等，2020）。关键在于构建一个合理的收益分配机制，确保数据经济的增长成果能够惠及那些数据资源相对贫乏的地区和弱势群体，缩小数字鸿沟。同时，需要探讨如何激励或要求大型数据企业在享受规模效应收益的同时，积极地参与到社会保障和帮扶工作中，例如通过基础设施投资、技术支持或其他方式提供援助。当前，我国数字鸿沟现状主要体现在以下方面：一是地域差异，表现为东部沿海地区的数字化程度远超中西部地区；二是城乡差异，体现在城市的高速网络和丰富数字服务与农村的基础设施落后形成鲜明对比；三是年龄差异，表现为年轻人普遍比老年人更熟练地运用数字技术和产品；四是经济差异，体现在经济条件较好的人群比低收入群体更易获得先进的数字技术。

三、数据要素收益分配的基本原则

党的十九届四中全会提出，要健全劳动、资本、土地、知识、技术、管理、数据等生产要素由市场评价贡献、按贡献决定报酬的机制。这是我国首次提出将数据作为生产要素参与收益分配，并为数据收益分配提供了基本遵循。"数据二十条"进一步提出了"体现效率、促进公平"的思想，指出健全数据要素由市场评价贡献、按贡献决定报酬的机制，扩大数据要素市场化配置范围和按价值贡献参与分配渠道，同时更好发挥政府在数据要素收益分配中的引导调节作用，让全体人民更好共享数字经济发展成果。本书认为，数据要素收益分配应该遵循市场运作、贡献导向、公平共享三大原则。

市场运作原则。该原则强调市场在数据流通分配中发挥主导作用，通过市场机制评价数据要素的贡献，并据此决定数据要素的收益。坚持市场运作，就要求扩大数据要素市场化配置的范围，如探索数据资产评估和定价机制、构建数据要素交易场所等，通过引入更多市场机制，促进数据要素的有效流通和合理定价。数据要素收益分配还应与参与者的行为激励相容，推动数据要素收益向数据价值和使用价值的创造者倾斜。这要求在收益分配中体现对创新活动的支持，如对数据开发、数据分析和数据应用等方面的投入给予适当回报，同时引导参与者提高数据使用效率和价值创造能力。

贡献导向原则。即"谁投入、谁贡献、谁受益",这一原则强调数据收益分配应该以数据要素的实际贡献为依据。戚聿东和刘欢欢(2020)从生产力和生产关系协同发展的视角,指出按贡献参与分配会刺激数据要素的投入,从而推动社会生产力的发展。王胜利和樊悦(2020)同样从生产关系与生产力的联动出发,强调贡献导向的分配机制将驱动数据要素广泛参与到社会生产中。蔡继明等(2022)通过建立纳入了数据要素的一般均衡分析框架,指出数据的初始存量、前期收集处理数据所投入的劳动、当期在收集处理数据所投入的劳动均参与了价值创造的过程。为了准确评估数据的贡献,还应该建立基于数据价值链的收益分配计量体系,确保数据的"无形价值"得到合理计算和认可。

公平共享原则。在数据要素收益分配中,应保证各类主体在市场中的公平竞争,这意味着要消除市场壁垒,防止垄断,确保参与者在公平的环境中参与数据的生产、流通和分配。同时,要保障公平的数据要素收益分配体制机制,就应更加关注公共利益和相对弱势群体,在制度设计中考虑到数据的公共属性,避免数据资源的过度集中和收益的不均衡分配。此外,政府在数据要素收益分配中应发挥引导调节作用,建立数据要素流通市场监管体系,通过税收、补贴等手段调节市场行为。

数据要素收益分配的原则涉及市场机制、公平竞争、激励相容、贡献导向、公平共享、政府引导等多个维度。这些原则相互关联,共同构成了一个协调、动态的数据要素收益分配体系,推动实现数据要素的高效利用和收益的公平分配,促进数字经济的健康发展。

四、数据要素收益分配的政策建议

综合上文所述，本书紧密围绕数据要素三次分配制度中的难点问题，从法律、市场、技术和治理等多个维度入手，尝试提出相应的政策建议来建立健全数据要素的收益分配制度。具体建议如下。

（一）初次分配制度的补充完善

其一，收益分配形式的补充完善。一是按权属进行收益分配。根据数据来源和数据生成特征，在"三权分置"的数据产权制度下，清晰界定数据的生成、收集、处理和使用等各环节中数据资源持有权、数据加工使用权以及数据产品经营权的权益归属。根据数据产权结构性分置特征，形成市场化的收益分配，确保数据权利所有者合法取得与权属匹配的经济收益。探索利用智能合约、数据空间等技术按照预设分配规则和比例自动分配收益给权属方。二是构建多方参与的数据收益分配制度。深入结合数据要素特征，建立完善"由市场评价贡献、按贡献决定报酬"的公平、高效的数据收益分配机制（欧阳日辉、龚伟，2022）。清晰界定数据价值链各环节参与主体的权责边界，科学引入市场评价机制，精准评估各参与方在数据采集、加工、管理、分析、开发以及流通利用等全生命周期中的边际投入贡献，遵循"谁投入、谁贡献、谁受益"的基本原则，按照各参与方的边际价值贡献合理分配数据收益。三是探索技术辅助多方参与的收益分配。对于多方参与同一数据流通环节，探索利用前沿数字技术辅助完成多方参与的收益分配。运用技术手段如数字水印、区块链技术等标识数据的来源、使用和流通过程，重点探索利用联邦学习、多方博弈以及机制设计等技术方法，确定各参与方的贡献比例、权属划分和权益分配比例，辅助制度完成权属复杂情形下的多方参与收益分配工作。借助区块链和密码学技术，确保数据收益可追溯。

其二，加强数据资源价值评估体系建设。首先，考虑到数据资源的非竞争性、可复制性、价值不确定性与易变性、场景依赖性等属性特征，亟须基于最新的市场和技术条件开发一套相对灵活的价值评估模型，能够综合考量数据的稀缺性、实用性、获取成本、处理成本、潜在应用范围以及数据质量等因素，快速适应数据资源特性的变化，动态捕捉不同应用场景下的价值波动，并实时更新评估结果。其次，加强数据资源价值评估的专业人才培养，培育一批既懂数据科学又懂经济学的复合型人才，以提高评估工作的专业性和准确性。同时，鼓励学术界和实务界合作，共同研究新的评估方法，促进评估技术与方法的创新。最后，考虑到数字技术领域的快速迭代，建议定期修订和更新价值评估标准和相关指引，确保评估方法与技术和数字经济发展同步。

其三，探索完善数据要素的价格机制。具体政策如下：一是探索公共数据分级定价机制。参考借鉴福建省基于分级开发模式的公共数据有偿使用实践，即福建大数据一级开发公司的"数据使用费＋技术服务费"的两级定价思路，将授权运营过程分为三个阶段：授权阶段、一级开发阶段和二级开发阶段。三个阶段中的公共数据因形态不同、来源不同、流通去向不同、定价主体不同又确立了三种价格形成机制：政府定价、政府指导价和市场调节价。从对应关系来看，授权阶段主要是采取政府定价，一级开发阶段主要是政府指导价，二级开发阶段涉及两类价格形成机制，政府指导价和市场调节价。据此构建公共数据的分级定价机制，具体价格机制设计请参见本书公共数据定价的章节内容，这里不作赘述。二是健全数据产品和服务的市场价格发现机制。探索包括根据用户对数据的实际使用量进行收费的按需定价机制，根据用户使用的数据量或服务级别设定不同价格层级的阶梯定价机制，用户支付定期定额费用获得对动态更新数据集持续访问的订阅制定价机制，根据用户类型、使用时长和使用场景等设定不同的价格的差异化定价机制，对于具有独特价值、高需求或特定用途的数据集采取多种拍卖方式的拍卖定价机制（张小伟等，2021），针对不同版本或不同服务层级的数据产品设置不同的价格如常见的基础版与高级版差别定价、按数据精度分级定价等分版本定价机制，确保数据产品和服务的价格能够综合考虑数据可复制性、非竞争性等一系列因素，真实反映供需关系和数据内在价值。

此外，对于科研数据和数据垄断问题，本书提出以下建议：

其一，全面探索科研数据的开放共享和收益分配机制。可尝试从以下三个方面探索：一是建立科研数据贡献人奖励制度。建议在开放共享科研数据相关政策基础上探索实施科研数据贡献人奖励制度等激励机制，有效刺激科研数据共享供给，推动科研数据可发现、可获取、可互操作和可重复利用。二是建立健全融合科研数据共享的评价体系。在科研职业晋升，人才评优评定，项目申请、验收结题等过程中，将科研数据纳入学术成果认定清单并开展评估评价，以激励科研数据共享实践。科研资助主体（个人、企业、单位或机构等）、期刊、科研机构等应在科研共同体内广泛鼓励数据共享实践。三是试点探索推进科研数据开放共享。积极探索在科研重城如北京、上海、合肥等地试点推行国家公共财政支持公益性科研活动所获取和产生的科研数据即时汇缴与开放共享政策，并渐进式由公益性科研活动向非公益性科研活动拓展。高校科研机构的专业领域科研数据可尝试以专业领域试点形式，探索不同专业领域科研数据的共享激励机制。

其二，探索建立数据领域不正当行为规制机制。重点对算法滥用、大数据杀熟、利用数据算法和算力优势进行不正当竞争等不正当行为进行审查和规制，对违反规定的行为依法依规进行惩处，确保数据要素市场健康有序发展。

（二）再分配与三次分配制度的建立健全

其一，完善公共数据开放共享政策。制定实施公共数据开放共享的指导原则，确保政府和公共机构收集的公共数据，在不违反隐私保护和分类分级管理原则下，全面推进公共数据"应开放尽开放"，强化公共数据的社会属性。健全公共数据授权运营面向公共治理、公益事业的有条件免费开放机制，鼓励企业将有偿获取的公共数据用于公共治理、公益事业，探索公共数据授权绿色通道机制，支持非营利组织或社会团队通过特定绿色通道获取公共数据授权开展公共治理、公益事业活动项目。

其二，鼓励企业数据资源自愿开放共享。推动企业基于社会责任和公共利益自愿开放共享数据资源，探索企业与科研院所的数据开放合作机制，将企业开放数据资源广泛用于科研创新。加强政策引导和宣传教育，增强企业对于数据开放在社会发展中作用的认识，提升其履行社会责任的自觉性。建立完善企业数据开放标准和机制，为企业提供数据开放的技术支持和便利条件，降低企业数据开放的技术门槛。探索制定相应的激励措施，为积极开放数据资源的企业提供政策支持、税收优惠或公共认可等，表彰企业社会贡献，增加其开放数据的积极性。

其三，多措并举弥合数字鸿沟。一是加强中西部和偏远地区的网络基础设施建设，平衡技术资源分配；二是通过政府补贴和数字中心建设提高农村地区的数字接入能力，并开展数字技能培训；三是设计适合老年人的数字产品和服务，同时在社区中心提供专门的技术培训；四是提供财政支持帮助低收入家庭获取数字设备和互联网服务，以及在公共场所提供免费或低成本的互联网接入。

第五章　公共数据开放、授权运营与定价

　　公共数据作为数字经济发展的关键战略资源，是数据要素的重要组成部分，对于推动高质量发展、推进国家治理体系和治理能力现代化具有不可替代的作用。"数据二十条"明确提出要加强公共数据的汇聚共享和开放开发，《"十四五"数字经济发展规划》也强调通过数据开放、特许开发和授权等方式促进公共数据的增值开发和流通利用。公共数据开放开发和流通利用的核心意义在于充分挖掘和释放公共数据巨大潜在价值，为政府决策、企业发展和公众生活提供更多的便利和福利。本章主要围绕公共数据开放和授权运营展开，详细阐述这两种公共数据流通模式的概念内涵、现状特征以及相关机制设计，最终落脚到公共数据流通利用的核心问题即公共数据定价。

第一节　公共数据开放

　　公共数据开放是世界各国公共数据流通利用中最常见的流通模式。政府或公共部门通过开放公共数据给公众和企业使用，一方面可以促进社会合作，改善营商环境，另一方面也会反馈调节政府决策行为，提升公共服务水平，对于公共数据的经济价值与社会价值释放意

义重大。因此，理解公共数据开放的概念内涵，了解国内外公共数据开放实践的进展，总结梳理公共数据开放现状问题，是把握公共数据开放核心关切，进一步推动开放实践的重要路径。

一、概念内涵

（一）公共数据与公共数据开放

公共数据是数据要素的重要组成部分，其开发开放和流通利用对于释放公共数据价值红利、全面赋能经济社会发展至关重要。在界定公共数据开放概念前，首先需要清晰厘定公共数据的定义。公共数据是一个动态发展的概念，其概念内涵因不同国家或地区的法律法规、政策导向及社会实践而异。例如，韩国出台的《首尔市关于提供和激活数据使用的条例》将"公共数据"界定为法律和法规规定目的，由公共机构创建或获取和管理的以光学或电子方式处理的数据或信息。在中国，"公共数据"的概念最早见于 2015 年国务院发布的《促进大数据发展行动纲要》。随后，"公共机构数据""政务信息""政务数据""政府数据""公共信息""公共信息资源"等一系列相关术语与"公共数据"并存使用，直至"十四五"规划中"公共数据""政府数据"等数据词汇逐渐固定使用，"政务信息""公共信息""公共信息资源"等信息词汇才逐渐被弃用（信通院，2023）。

"数据二十条"中公共数据是指各级党政机关、企事业单位依法履职或提供公共服务过程中产生的数据，该定义下公共数据范畴广泛，不仅包括政府数据，还可能涵盖政务数据、公共信息资源等。尽管如此，地方政府关于"公共数据"的定义范畴也不尽相同。例如，

《上海市公共数据开放暂行办法》中，公共数据"是指本市各级行政机关以及履行公共管理和服务职能的事业单位在依法履职过程中，采集和产生的各类数据资源"，该定义与"数据二十条"较接近。《北京市公共数据管理办法》将公共数据定义为"具有公共使用价值，不涉及国家秘密、商业秘密和个人隐私，依托计算机信息系统记录和保存的各类数据"，定义中明确公共价值并排除安全隐私风险范畴数据。《浙江省公共数据条例》中公共数据定义不仅包括水电气运等公共服务部门数据，还将税务、海关、金融监督管理等派驻机构数据纳入概念范畴。尽管公共数据与政府数据在概念上有所重叠，但毋庸置疑公共数据的范围更广，不仅包括政府在履行公共服务和管理职能过程中产生的数据，也包括其他公共机构和组织产生的数据。随着数字经济的发展和数据治理的深化，公共数据的界定和应用将继续演进和完善。本书中"公共数据"概念采用最新的国家标准《数据安全技术数据分类分级规则》（GB/T 43697—2024）中的界定："公共数据指的是各级政务部门、具有公共管理和服务职能的组织及其技术支撑单位，在依法履行公共事务管理职责或提供公共服务过程中收集、产生的数据"。

公共数据作为数据要素的重要构成，具备数据要素的基本属性，包括虚拟性、依附性、易复制性、非竞争性、价值不确定性与场景依赖性、权属复杂性以及正外部性与负外部性（Jones 和 Tonetti，2020；熊巧琴、汤珂，2021；许宪春等，2022；刘涛雄等，2023）。与此同时，公共数据还具备独有的一些属性，相对一般数据而言，往往表现出价值高、公共性、权威性以及敏感性（鞠雪楠等，2024）。首先，公共数据内在价值高，而且公共数据是政府、公共部门等机构产生的数据，具有权威性，即自带政府、公共部门等信用背书，这是公共数据成为重要战略资源的基础。其次，公共数据独有的公共属性，使得开放共享成为公共数据流通的首要方式。法理上，具有公共属性的公共数据尤其是政务数据，大多是依托公共财政支出产生的，公众已经通过税收对这部分财政支出产生的公共数据支付了费用。更何况，公共数据与一般数据一样，具有非竞争性、易复制性和边际成本几乎为零的特征，即使按照边际成本定价，公共数据也应当以免费（或几乎免费）方式提供给公众，这样社会福利最大（夏义堃，2014；范佳佳，2019）。以上两点原因构成世界各国均以免费开放作为公共数据最主要的流通方式的法经济学基础。

由此，我们从公共数据的概念内涵和属性特征引出公共数据最重要的流通方式即公共数据开放。顾名思义，公共数据开放是指政府机关和公共事业单位将其持有的公共数据通过开放平台向社会开放，供公众（免费）使用的行为。如果考虑到实践中开放的公共数据的形态特征，其定义应具体为政府机关和公共事业单位等在其持有的公共数据范围内，面向社会（免费）提供具备原始性、可机器读取、可供社会化再利用的数据集的公共服务行为。这里需要注意的是，虽然前文从法经济学视角论述公共数据开放应当免费开放给公众使用，但考虑到后文将要论述的公共数据开放困境以及面临困境时一些国家地区的有偿探索，因此在界定公共数据开放的定义时，将"免费"加上括号，更符合当下公共数据开放的前沿实践和事实。

（二）必要性和开放原则

简而言之，公共数据开放的目的在于最大化挖掘和释放公共数据资源的社会价值和经济潜力，其意义体现在提高透明度、提升政府决策效率、激发创新、增强公众参与和推动社会进步等多个方面。从法经济学的角度来看，公共数据开放是公共数据资源的基础优化配置过程，通过降低信息不对称，提高公众、投资者、市场参与者等信息获取能力，继而提升经济效率和市场活力。

因此，公共数据开放的必要性体现在以下几个方面：促进政府透明度提升、提高政府的决策质量和服务效率、推动创新和经济增长、产业融合和新业态发展、增强公民参与和社会监督以及具有国家战略意义。具体来说，公共数据开放首先体现在促进政府透明度提升上。非歧视开放的、易获取和使用的公共数据促使公众可以便捷获取和了解政府和公共部门的行为和决策过程以及相关数据，显著提高政府透明度，增强公众对政府信任度。其次，开放公共数据能够提高政府的决策质量和服务效率，通过对公共数据开放使用情况的深入分析，政府能够更准确地识别公众的重点关切，更广泛地洞察社会问题和公众需求，继而制定更为有效的公共政策。此外，公共数据开放还是技术创新和经济增长的重要驱动力。公共数据作为一种重要生产要素，能够激发新的商业模式和服务，促进产业和技术跨界融合，进而催生出新业态。非歧视、易访问的公共数据必然可以显著增强公众参与政府决策过程，实现更广泛的社会动员、民主参与。同时，公共数据开放也为媒体和社会组织提供了监督政府和企事业单位的有力工具，更大程度发挥社会监督作用。最后，公共数据作为重要的战略资源，具有重要战略意义。在当前逆全球化的复杂形势下，公共数据开放有助于构建开放型经济格局，加强跨国界的协同创新，促进国际交流和合作，提升国家竞争力和影响力，并以此应对日益严峻的全球性挑战。综上所述，公共数据开放是挖掘和释放公共数据资源价值的关键路径，通过合理的制度设计和政策安排，在确保公共隐私和安全的前提下，公共数据开放对于提高经济效率、促进社会公平、推动可持续发展是必不可少的战略选择。

公共数据开放是一项基于透明、公平和高效原则的公共服务，旨在通过向公众（免费）开放来释放公共数据价值，促进经济社会发展。基于以上公共数据开放必要性论述，以及世界各个国家、地区的公共数据开放实践，我们认为公共数据开放应当遵循一些基本原则：开放性原则、非歧视性原则、可访问性原则、透明性原则以及应开尽开原则。具体而言，开放性原则要求开放的公共数据应广泛可获取；非歧视性原则要求保障公众享有平等获取和使用该数据的权利，确保数据开放的普遍性；可访问性原则要求开放数据以易获取、易使用的方式提供，降低获取和使用门槛，提高开放数据的可用性；透明性原则要求整个开放过程公开透明，包括公共数据来源、更新频率、使用（适用）条件等信息；应开尽开原则要求除了法律规定不允许开放的涉及国家秘密、国家安全、社会公共利益、商业秘密、个人隐私等数据外，所有公共数据都应对外开放，以实现最大程度的开放共享，扩大社会总福利。除以上基本原则外，考虑到一些国家地区关于公共数据有偿开放的实践探索，如英国等，建议追加一条成本补偿原则，该原则要求公共数据尽量免费开放，如果因为成本做不到免费开放，应当以最低成本核算原则收取极低的费用实现成本补偿条件下的有偿开放。

二、国内外公共数据开放实践

（一）国外开放实践

公共数据具有权威性、公共性、规模大、增长快、价值高、通用性、敏感性等特点。作为流通数据的重要组成部分，世界各国政府纷纷开展公共数据的流通利用探索，其中公共数据开放是最主要的流通方式。由此，世界各国政府开展了一系列公共数据开放行动。为了了解国外公共数据开放实践历史与现状，本书选取美国、英国、欧盟、加拿大、法国以及韩国等作为研究对象，考察这些国家公共数据开放的关键行动和政策，包括最早开放政策年份、开放门户网站与上线时间、开放政策轨迹以及开放数据的许可协议等，详见附录表 2（周文泓，2015；陈美、江易华，2017；筱雪等，2017；卫军朝、蔚海燕，2017；肖敏等，2019；代佳欣，2021）。

以美国为例，美国政府最早于 2006 年由时任联邦参议员的前任总统奥巴马作为主要合署人和共和党参议员科伯恩联合推出《联邦资金责任透明法案》（FFATA，后称《科伯恩—奥巴马法案》），该法案要求联邦政府公开所有公共财政支出的原始数据，是最早关于公共数据开放的政策。2009 年，奥巴马政府推出《开放政府指令》《透明和开放政府备忘录》，并于同年 5 月正式上线公共数据开放门户网站 www.data.gov，使用多种许可协议来发布数据，主要包括公共领域贡献、Creative Commons（CC）许可等，使美国公共数据开放往前迈了一大步（黄璜，2017；卫军朝、蔚海燕，2017；代佳欣，2021）；2013 年出台《政府信息公开和机器可读行政命令》，并联合其他八国集团成员国推出《G8 开放数据宪章》（Open Data Charter，ODC），明确开放数据五项准则，对全球公共数据开放实践产生深远影响，次年，美国响应宪章推出《G8 开放数据宪章——美国行动计划》，并于 2018 年出台、2019 年修订《开放政府数据法案》，进一步完善美国公共数据开放的政策体系。随着数字经济时代数据要素成为国际竞争力的主要抓手，2024 年，拜登政府推出《关于防止受关注国家获取美国人大量敏感个人数据和美国政府相关数据的行政命令》(也称《14117行政令》),限制中国、俄罗斯等6个"受关注国家"和相关主体对其指定范围的公共数据和个人隐私数据等进行访问。

虽然美国、英国等发达国家的公共数据开放已历经多年,并且相关政策体系和平台建设也在逐步完善,但仍然无法避免公共数据开放中常见的困境,即供给质量和可用性问题,这些国家也一直在努力提高开放数据的准确性、完整性和更新频率,同时探索其他流通模式来改善供给质量水平问题。其中,英国、加拿大等国家正在探索使用数据信托(Data Trusts)模式,尝试引入第三方数据信托机构来管理公共数据,该模式可以有效应对公共数据开放中遇到的供给质量问题(翟志勇,2021;The Data Trusts Initiative,2021;黄京磊等,2023)。例如英国的莫菲尔德眼科医院和伯明翰大学医院委托 INSIGHT 管理医院数据,后者设立数据信托咨询委员会用以审核访问行为,极大改善了医院数据供给和利用,保障了患者和公众利益。

(二)国内开放实践

与欧美等发达国家一样,我国政府较早意识到公共数据开放的经济社会价值。国家和地方政府公共数据开放政策制定、地级及以上地方政府开放平台的陆续上线和完善共同构成国内公共数据开放实践的主要内容。

首先,在公共数据开放政策方面,2007年出台首个国家政策至今,历经18年的探索积累,形成国家和地方两级的公共数据开放政策体系,详见附录表3。具体来说,国家公共数据开放政策体系建设始于2007年4月国务院发布的《政府信息公开条例》,该条例首次明确我国政府信息公开的范围、方式、程序等,并首次确立"公开为原

则、不公开为例外"的基本原则。2015 年 4 月，国务院印发《2015
年政府信息公开工作要点》，该文件明确指出要积极稳妥推进政府数
据公开，加强公共数据分析应用。随后出台一系列行动计划与方案，
以点带面推动公共数据开放实践。2021 年 3 月，"十四五"规划继续
强调要加强公共数据开放共享。2022 年 12 月，"数据二十条"发布，
明确公共数据内涵，继续明确要加强公共数据的汇聚共享和开放开
发。地方政府层面，上海、深圳、重庆等 20 个省市出台公共数据相
关条例；上海、北京等地出台《上海市公共数据和一网通办管理办法》
《北京市公共数据管理办法》等共计 21 条综合性管理办法；上海、天
津等地出台《上海市公共数据开放暂行办法》《天津市公共数据资源
开放管理暂行办法》等共计 13 条公共数据开放办法。以上涉及绝大
多数省市的共计 54 条相关政策连同国家公共数据开放政策体系，共
同构成我国国家—地方政府两级公共数据开放政策体系，共同支持国
家和地方的公共数据开放实践，重点是开放数据平台的建设。

　　其次，从地方政府的公共数据开放平台建设情况来看，在国家地
方政策体系的支持下，全国地级及以上地方政府上线的公共数据开放
平台数量逐年递增，可采集的有效公共数据集数量也增长迅速。具体
来说，根据《中国地方公共数据开放利用报告——省域（2023 年度）》①
数据显示，截至 2023 年 8 月，我国已有 226 个地级及以上的地方政
府上线了公共数据开放平台，其中省级平台 22 个（不含直辖市和港
澳台），城市平台 204 个（含直辖市、副省级与地级市）。自 2012 年
起全国地级及以上上线的公共数据开放平台数量持续增长，从最早
2012 年的 3 个（均为城市级平台）到 2015 年 10 个（1 个省级平台上

---

　　①　复旦大学数字与移动治理实验室：《中国地方公共数据开放利用报告——省域
（2023 年度）》，2023 年 11 月 1 日，http://ifopendata.fudan.edu.cn/report。

线，9 个城市级平台），直至 2023 年 8 月的 226 个（22 个省级平台，204 个城市级平台）。全国地级及以上上线的公共数据开放平台数量增长最快的是 2018 年，上线平台数由 2017 年的 20 个，大幅增长 280% 至 2018 年的 56 个；省级上线平台数由 2017 年的 3 个，大幅增长 266.67% 至 2018 年的 8 个；城市级上线平台数由 2017 年的 17 个，大幅增长 282.35% 至 2018 年的 48 个（见表 5-1）。截至 2023 年 8 月，省级平台上线率高达 81.48%（不含直辖市和港澳台），其中最早上线公共数据开放平台的省份是浙江省，于 2015 年上线；2016 年，广东省和贵州省公共数据开放平台上线；截至 2023 年下半年，共 22 个省份上线公共数据开放平台，除港澳台外尚未开放的省份仅剩内蒙古自治区、黑龙江省、吉林省、西藏自治区、云南省。此外，从开放的公共数据集数量来看，自复旦大学数字与移动治理实验室于 2017 年首次发布"中国开放数林指数"以来，该实验室每年有效采集到的地级及以上的地方政府公共数据开放平台上的数据集数量逐年增长（见表 5-1），可采集的公共数据集数量由 2017 年的 8398 个大幅增长 4118.28% 至 2023 年下半年的 345853 个。

表 5-1　2012—2023 年省市级公共数据开放情况

年份	开放平台数	省级开放平台数	市级开放平台数	开放数据集数量	该年开放平台上线省份
2012	3	—	3	—	—
2013	3	—	3	—	—
2014	4	—	4	—	—
2015	10	1	9	—	浙江
2016	15	3	12	—	广东、贵州

续表

年份	开放平台数	省级开放平台数	市级开放平台数	开放数据集数量	该年开放平台上线省份
2017	20	3	17	8398	——
2018	56	8	48	17420	河南、江西、宁夏、山东、陕西
2019	102	12	90	71092	福建、海南、江苏、四川、新疆
2020	142	17	125	98558	广西、湖北、湖南、青海
2021	193	20	173	246834	安徽、甘肃、河北
2022	208	21	187	283413	辽宁
2023	226	22	204	345853	山西

注：表中省级指的是不含直辖市和港澳台的 27 个省份，城市级指的是包含直辖市、
　　副省级与地级市在内的所有城市。

资料来源：根据复旦大学数字与移动治理实验室（2023）整理。

　　尽管我国地方政府在公共数据开放实践中取得一定进展，但是仍然无法避免公共数据免费开放模式下的共性问题，具体表现为：（1）公共数据的自动化采集汇聚水平低。公共数据的采集、汇聚等环节缺乏高效的技术手段，导致数据收集的全面性和实时性不足。（2）开放数量少。受限于数据安全、隐私保护等因素，政府和公共事业单位所能开放的公共数据数量相对较少。（3）开放质量差。已开放的公共数据存在数据格式不规范、数据缺失、数据质量低等问题，影响了数据的使用效果。（4）应用场景少。公共数据在政府、企业和公众之间的流通受到限制，未能形成广泛的应用场景，使得数据的价值未能得到充分发挥。

三、开放困境

如前文所述，我国公共数据开放面临供给部门"不愿"与"不能"两难困境（高丰，2023），反映在实践中就是公共数据供给质量低下和供给水平严重不足。郑磊、刘新萍（2024）指出，我国公共数据开放利用存在法规保障不足、平台运营水平不高、数据供给不充分、赋能成效有限等问题，亟须提升统筹管理能力、加强经济社会赋能、培育开放利用生态体系。诚然，如郑磊、刘新萍（2024）所言，管理体系能力、赋能能力、生态体系建设固然重要，但是从法经济学角度来看，导致"不愿""不能"两难困境的根本原因是公共数据权利归属问题以及公共数据能否收费、怎么收费和收多少费的问题，前一个问题也是后面问题的重要前提和基础。

首先，公共数据权利归属问题，就是产权问题，产权不清晰会导致至少两种情况发生，其一是权利归属不清下多头管理导致的主观"不愿"。以地方实践来说，成都大数据集团在公共数据开放利用实践中就反映过这样一个问题，地方卫生管理部门的一些医疗卫生数据理论上价值很高，但是由于这部分数据到底是属于公众、属于地方政府、属于地方卫生管理部门还是属于中央医药垂直管理部门，没有相关法律法规可以遵循，于是地方卫生管理部门不敢轻易对这部分公共数据进行开发利用，以免出现行政管理越权或者处置不当。其二是权责不对等下的隐私安全风险导致供给部门的主观"不愿"。公共数据中很多涉及公众的身份信息、财产信息和行为足迹信息，企业水电消费、税收信息，国家安全相关的地理信息、关键资源、涉密信息等，一旦处理不当经开放渠道泄露，会产生极大的个人隐私侵害、社会危害和国家安全风险，数源部门需要承担巨大的法律风险和责任，而权利却尚未理清，这种严重的权责不对等，加剧了供给部门的主观"不愿"。简言之，权责不清或权责不对等是地方政府在公共数据开放上主观"不愿"的根本原因。

其次，公共数据能否收费、怎么收费和收多少费的问题，本质是公共数据有偿使用合法性以及定价机制设计问题。虽然《"十四五"数字经济发展规划》已经明确公共数据可以探索用于产业发展、行业发展下的有条件有偿使用，但是，国家并没有就公共数据有条件有偿使用给出具体的顶层设计和制度安排。实践中，出现了湖南衡阳公共数据特许经营权出让探索从发布到公告暂停，以不到一周时间仓促叫停落幕。传统的公共数据开放模式下，对于公共数据尤其是政务数据，法学界大多都支持无偿开放，即"取之于民，还之于民"。这就必然导致国家在公共数据采集、整理以及后续的加工处理上缺少足够的财政投入支持，尤其是在当下地方财政压力巨大的背景下，数源部门必然缺少足以覆盖采集和整理日积月累的庞大公共数据的财政支持。法律和制度的缺位使得地方在数据有偿使用探索上瞻前顾后，尤其是在怎么收费和收多少费的制度探索上，严重滞后于公共数据的开发利用进程。没有合理的有偿使用制度设计，数源部门缺少制度背书和经济激励来完成基本的公共数据采集整理工作，更不用提结合实践中各类场景下的创新开发利用，更何况实践中公共数据的数源部门往往缺少加工处理和开发公共数据的条件和能力，现有的公共数据开放平台和开放工作也大都是以技术外包或者政府购买服务形式来推进的，一般的政府公务员并不具备数据要素管理和数字技术创新应用的专业素养。财政投入不足、经济激励（定价机制和收益分配机制）缺位会进一步加深供给部门的主观"不愿"，而现实条件能力不足又会形成新的困境，即提高供给质量和供给水平上的"不能"困境。

为了解决这些问题，"数据二十条"提出公共数据授权运营机制探索，尝试引入市场力量来缓解公共数据开放两难困境，推动公共数据的深度开发和广泛应用，以期最大限度地挖掘和释放公共数据价值，助力国家数字经济现代化发展。

第二节　公共数据授权运营

为了有效缓解公共数据开放中面临的"不愿"与"不能"两难困境，世界各国进行了各类尝试，包括公共数据有偿开放、公共数据信托以及公共数据授权运营。其中，公共数据授权运营是我国根据国情实际提出的创新性应对方案。因此，了解公共数据授权运营的概念起源和内涵，掌握当下我国公共数据授权运营的主要模式，以及授权运营工作的关键机制，是提升公共数据授权运营质量、效率，实现公共数据经济社会价值最大化的重要前提和关键路径。

一、概念内涵

（一）概念起源与发展

如前文所述，"不愿"与"不能"两难困境是政策风险和安全风险制约、缺少有效可持续有偿使用政策机制设计导致的，而公共数据授权运营模式的兴起正是为了有效应对公共数据开放的"不愿"与"不能"困境（高丰，2023）。具体来说，关于权属不清问题，"数据二十条"的出台为公共数据开发利用中的确权难题提供"三权分置"产权方案，为政府引入市场力量完成公共数据的高效开发利用提供重要支撑。权责不对等以及缺少经济激励这两个问题都可以通过公共数据有偿使用探索来针对性解决，据此，我国政府根据国情实际创新提出公共数据授权运营模式，通过将公共数据资源的持有权、加工使用权和产品经营权授权给社会力量的方式，极大地提高公共数据供给意愿和动力，显著提升公共数据供给的质量和水平，为公共数据经济社会价值的挖掘和释放提供重要的政策设计安排。

总的来说，公共数据授权运营模式是中国政府为解决公共数据开放困境而探索出的一种具有本国特色的数据流通方式。地方政府在国家政策的指导下，逐步开展了公共数据授权运营的探索和实践。贵州省在政府数据资产运营方面走在全国前列，云上贵州大数据产业发展有限公司自 2014 年 11 月成立以来，便作为首个获得政府授权的数据运营实体，承担起贵州省政府数据的运营任务。紧随其后，成都、上海、北京等城市也开始积极探索并实践公共数据授权运营模式（张会平等，2021）。公共数据授权运营的概念也随着地方实践不断深化，动态发展。公共数据授权运营概念的演进历程见附录表 4。最初，这一概念仅涵盖了一些基础要素，包括"数据供方、授权主体、授权对象、授权客体、运营行为"等描述，例如，四川省于 2022 年 12 月出台的《四川省数据条例》。随着地方政策和实践的深入推进，对该概念的理解不断深化，政策实践积累使得公共数据授权运营概念的组成要素逐渐扩展并细化，逐渐更精确地以多维度特征界定完善公共数据授权运营概念内涵。这种演进体现在对概念要件的不断丰富，增加了"数据需方、授权协议、运营平台、规范约束、运营产出"等要素，例如，湖南省长沙市于 2023 年 7 月出台的《长沙市政务数据运营暂行管理办法（征求意见稿）》。

地方政府的实践探索不仅加深了对公共数据授权运营概念的理解，也推动了其在促进公共数据资源合规高效开发利用、支持数字经济和社会发展等方面的应用。通过不断地探索和实践，地方政府正在积极地将公共数据授权运营概念转化为推动社会进步和经济增长的有效工具。

（二）必要性和相关原则

公共数据授权运营模式通过明确权属、权责，以及相应机制设计确保有效的经济激励，极大地推动公共数据的高效流通和开发利用。其必要性主要体现在以下几个方面：首先，公共数据授权运营模式运用"数据二十条"提出的"三权分置"产权制度设计，通过权利分置的组织结构设定应对公共数据开发利用中的确权难题。这种组织模式绕过了所有权问题，通过授权数据加工使用权和数据产品经营权的设计，为政府引入市场力量提供了重要支撑，从而推动了公共数据的高效开发和利用。其次，该模式通过赋予运营主体加工使用权和产品经营权，激发了市场主体参与公共数据开发的积极性，从而显著提升了公共数据供给的质量和水平，结合收益分配制度设计，给予数源部门一定的技术反哺、财政补贴或利润返还等经济激励，显著提高公共数据供给的意愿和动力。此外，该模式还有助于解决公共数据开放过程中的权责不对等问题。通过明确授权运营模式中不同主体的权利责任，尤其是清晰界定关键主体即运营主体的权责边界，确保公共数据资源的合理开发利用和隐私安全保护，较好地避免公共数据滥用和隐私泄露风险。最后，公共数据授权运营模式为公共数据的市场化运营提供了政策支持。通过引入社会力量，将公共数据资源的加工使用权和产品经营权授权给具有运营资质的主体，如大数据集团等，该模式有助于激发更多的场景开发和应用，加快公共数据产品和服务的开发利用，为公益性事业或市场化场景应用提供制度空间。通过市场化运作，公共数据能够更广泛地应用于各个领域，推动社会经济的发展和创新。综上所述，公共数据授权运营模式的提出，不仅解决了公共数据开放过程中的诸多问题，还为公共数据的高效利用和经济社会价值的挖掘提供了重要的政策支持和实践路径。

基于概念内涵和必要性，我们认为公共数据授权运营模式必须遵循以下基本原则：合法性原则、数据安全原则、权责明确原则、公平公正原则、公益性与市场化相结合原则、透明性原则、可持续性原则、监管与评估原则。具体来说，合法性原则要求所有授权运营活动必须在法律框架内进行，确保公共数据资源的授权、转移、加工处理、经营、使用和分发等符合国家相关法律法规的要求。数据安全原则是指保障公共数据隐私和安全是授权运营的首要任务，必须采取有效措施防止隐私安全信息泄露、滥用或非法获取，确保公共数据的机密性、完整性和可用性。权责明确原则要求在授权运营过程中，必须清晰界定数源单位、授权主体、运营主体、二级开发主体以及最终使用方的权责边界，确保各主体在授权运营中承担相应的义务和责任。公平公正原则是指授权运营模式中授权主体筛选和二级开发主体筛选应保证公平公正，避免寻租腐败、行政垄断和不公平的市场行为，确保所有符合条件的运营主体和开发主体都有相对平等的机会参与公共数据的加工和运营。公益性与市场化相结合原则要求授权运营既要满足公益性需求，促进社会公共利益，也要兼顾市场化运作，做好公共数据社会价值与经济价值的平衡。透明性原则要求整个授权运营的授权过程、运营决策和公共数据资源各阶段情况公开透明，接受社会监督，增强公众信任。可持续性原则强调授权运营应注重长期效益，通过科学的定价机制和收益分配机制设计，确保公共数据资源的可持续开发利用，避免短期行为对公共数据资源和市场造成的不必要损害。监管与评估原则要求建立有效的监管机制，实现对授权运营活动的全面监督和动态评估，确保授权运营符合政府既定原则、目标，及时发现和纠正问题。这些原则是确保公共数据授权运营模式健康、有序、高效运行的基础，对于实现公共数据资源的最大化利用和经济社会价值的挖掘具有重要意义。

二、运营模式与运行机制

（一）运营模式

在我国公共数据授权运营的实践探索中，形成了三种主要的运营模式：整体授权、行业（领域）授权和场景授权（见表5-2）。

表5-2　公共数据授权运营的三种模式对比

运行机制／运营模式	整体授权	行业（领域）授权	场景授权
授权方式	集中统一授权给单个运营主体	分行业领域授权给多个主体（地方／垂直行业管理部门）	分场景授权给多个运营主体
优势	授权成本低	数据加工利用与开发程度高	场景驱动下数据价值挖掘程度高
缺点	易形成数据壁垒和垄断，运营效率低	跨部门授权成本高、难度大，容易形成行业垄断	运营主体多，授权成本较高，监管成本较高

续表

运行机制／ 运营模式	整体授权	行业（领域）授权	场景授权
所授权利	数据加工使用权、数据产品经营权	具有行业限制的数据加工使用权、数据产品经营权	具有场景限制的数据加工使用权、数据产品经营权
典型样本	成都市、贵州省、青岛市等	北京市、人社部、民航局等	广东省、武汉市等

资料来源：根据信通院（2023），高丰（2023）整理。

整体授权模式是一种集中统一的授权方式，它将公共数据资源的相关权利统一授予单一的运营主体。这种模式的显著优势在于大大简化了授权流程，降低授权主体与多个运营主体协商、监督和管理的复杂性，从而显著降低授权成本。然而，这种集中统一化的整体授权也较大可能导致公共数据资源壁垒，继而出现垄断现象，限制市场竞争，单一运营主体的禀赋能力有限，但避免了重复建设。从授予权利角度来看，整体授权模式下授权主体将公共数据资源的加工使用权、数据产品经营权通过授权协议授予运营主体。整体授权模式的代表地区有成都市、贵州省以及青岛市等。

行业授权模式（也可称领域授权模式）按照不同的行业或领域将公共数据授权给行业内的多个运营主体，通常由特定的地方部门或垂直行业管理部门负责。这种模式的优势在于能够针对特定行业的需求对公共数据资源的经济社会价值进行深入的挖掘和应用开发，由于行业对自身领域内数据应用场景的深入了解，行业主导的授权运营模式可以极大提高行业公共数据的加工利用与开发程度。然而，由行业主导的授权极有可能带来行业垄断，这会增加跨行业部门协调难度和授权成本，同时带来一定的重复建设成本。该授权模式的典型样本有北京市、人力资源和社会保障部、中国民用航空局等垂直管理的行业主管部门等。

场景授权模式则主要是指授权主体依据具体的应用场景将公共数据资源授权给多个运营主体，强调场景驱动下的公共数据经济社会价值的场景挖掘和应用。这种模式的优势在于能够实现公共数据资源的精准利用和创新应用，满足特定场景下的具体需求，提高公共数据产品的针对性和实用性。场景授权模式鼓励运营主体根据场景需求进行创新，从而促进公共数据资源的多样化开发。然而，这种模式本质上是分散授权，往往存在较多的应用主体，对于授权主体来说，其授权和监管成本大幅提高，因为授权主体需要对每个场景下的运营主体进行针对性的监管和管理，以确保公共数据的合规使用和隐私安全。从授予权利角度来看，场景授权模式下授权主体将限制应用场景的公共数据资源的加工使用权、数据产品经营权通过授权协议授予运营主体。该授权模式的代表地区有广东省和武汉市等。

总的来说，这三种模式各有特点和适用场景，反映了地方政府、垂直管理的行业主管部门等在公共数据资源合规开发和流通利用方面的创新和尝试。地方政府、垂直管理的行业主管部门根据自身的实际情况和发展需求，选择适合的授权模式，以实现数据资源的合理开放和高效利用，推动数字经济和社会发展。

（二）运行机制

本节以整体授权模式为例，考虑运营主体对公共数据的运营和开发不分离的情况①，对该模式下公共数据授权运营的运行机制进行简

---

① 存在一些地方在公共数据授权运营过程中施行运营和开发分离的政策安排，例如，长沙市采取的就是运营和开发分离的模式。该模式下公共数据运营和加工处理分开，运营主体负责运营但不加工处理公共数据资源，另外授权加工主体来加工处理公共数据资源。

要概括，尝试从组织结构和典型特征角度论述整体授权模式下公共数据授权运营是如何实现权责清晰，如何通过引入市场力量提高供给效率质量等目标。

如图 5-1 所示，整体授权模式下的公共数据授权运营通常涉及数据供方（数源部门）、数据授权主体（地方政府或地方数据局）、数据运营方（多是国有的大数据集团）和数据需方（市场主体或公共治理和公益事业）等多个主体角色。

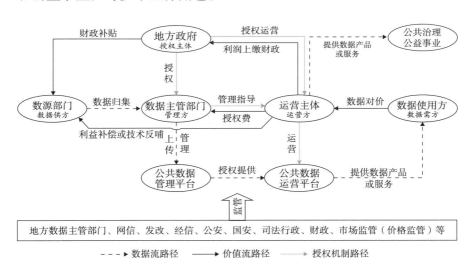

图 5-1　公共数据授权运营机制

首先，整体授权模式下，公共数据授权主体，通常是地方政府或地方数据局，将公共数据的加工使用权和产品经营权统一授予一个运营主体，这通常是一个国有的大数据集团，例如成都市政府将公共数据整体授权给成都市大数据集团，由大数据集团搭建公共数据运营服务平台并进行市场化运营。这种集中统一的授权方式极大地简化了授权流程，降低了与多个运营主体协商以及监督管理的复杂性，显著提升了整体的运营效率。

其次，权责分明是公共授权运营模式的另一大特点。公共数据授权运营通过多主体参与的组织结构以及多层法律关系实现授权运营过程中的权责划分。具体来说，授权主体通过与运营主体签订授权协议，清晰界定授权主体、运营主体、数源部门等各参与主体的权责边界。授权协议签订后，运营主体取得授权条件下，数源部门按协议将公共数据归集到由数据主管部门管理的公共数据管理平台，再由数据主管部门按协议将该公共数据资源按照"原始数据不出域，数据可用不可见"原则提供给运营主体，运营主体经授权开展公共数据运营管理和加工整理形成公共数据资源半成品，此时运营主体可以选择自主二级开发、外包二级开发以及面向市场二级开发主体出售半成品再由市场主体完成二级开发等不同路径形成公共数据产品或服务，最终面向市场用户需求交易对价。整个过程中，数源部门负责提供公共数据资源，运营主体承担公共数据资源管理运营、数据资源加工处理和产品经营（部分由不同二级开发主体承担）的职责，而授权主体负责授权协议签订和整个授权运营的监督和管理，并协调数据主管部门与发改、经信、网安、国安、公检法等部门一同负责整个授权运营的监管，确保公共数据在安全合规的前提下进行开发利用。

再次，引入市场力量是公共数据授权运营模式提高供给效率和质量水平的关键。作为社会力量的运营主体在获得授权后，一方面可以根据市场需求开发公共数据产品，这种市场需求导向的开发运营策略激发了运营主体的积极性，促进了创新和效率的提升；另一方面，部分运营主体在完成一级开发形成公共数据资源半成品后，还会引入市场力量完成二级开发形成公共数据产品与服务。此外，公共数据资源、公共数据产品或服务的定价机制设计、授权运营所有主体之间的收益分配制度设计，都会因为市场力量的引入而融入经济激励机制，例如针对数源部门归集整理原始公共数据成本补偿的技术反哺、财政补贴或利润返还设计，为数源部门提供了经济激励，进一步增强了公共数据供给的意愿和动力。此外，监管与评估机制是确保公共数据授权运营模式成功运行的重要组成部分。授权主体通过建立监管框架和评估体系，对公共数据授权运营全过程进行安全合规监管和运营效率评估，确保公共数据的安全、隐私保护以及运营效率和质量。这种监管评估机制有助于及时发现和纠正问题，保障公共数据资源的合理开发利用。

最后，公共数据授权运营模式强调公益性与市场化的结合，要求运营主体在追求市场化运作的同时，也需兼顾公益性需求，确保公共数据资源社会价值的挖掘释放，服务于社会公共利益。正是以上组织架构设计和典型特征确保公共数据授权运营模式完成对公共数据资源的合规高效利用。

然而，尽管公共数据授权运营理论上可以缓解公共数据开放带来的供给质量水平低下、供给意愿和动力不足的问题，且从组织结构和典型特征角度，公共数据授权运营可以实现权责清晰界定，并通过引入市场力量提高供给效率质量等目标。但是，定价机制设计和收益分配制度安排的缺位仍然是当下制约公共数据授权运营发展的最核心因素。定价机制的缺位可能导致公共数据资源、公共数据产品和服务的商业价值无法得到合理反映，影响运营主体的收益预期和市场主体的支付意愿。如果公共数据资源或产品服务定价过高，可能会抑制市场需求，而定价过低，则可能导致国有资产流失，影响运营主体的成本回收和利润获取，进而影响其持续运营和再投资的能力。收益分配机制的缺位或不明确、不公平则可能导致授权运营各参与主体缺少经济激励或者约定的经济利益无法得到妥善保障，降低各方参与公共数据授权运营和开发利用的积极性。缺乏合理的利益分配机制，不仅难以激发公共数据供方和运营主体的积极性，还可能引发利益冲突，影响公共数据资源的运营和开发的效率与质量。因此，制定合理的定价机制策略和公平的收益分配机制对于推动公共数据授权运营模式的健康发展至关重要。这需要政府、数据供方、运营主体以及其他利益相关方的共同努力，深入理解授权运营中的法经济学理论，通过详细深入的市场调研、多方协商和政策支持，建立一个既能反映公共数据价值，又能平衡各方利益的定价和收益分配机制。同时，这一机制还需要具备一定的灵活性和动态调整能力，以适应市场和技术的快速变化。

第三节　公共数据定价

一、概念内涵

（一）相关概念辨析

公共数据首先是数据的重要组成部分，因此公共数据定价一定程度上与一般数据定价有较多相似之处，例如如何考量数据价值不确定、场景依赖性等特征下精准评估数据的质量和价值，最大化经济收益。但是由于公共数据具备独有的一些属性，相对一般数据而言，往往表现出价值高、公共性、权威性以及敏感性（鞠雪楠等，2024）。这些属性差异，使得不能把公共数据完全等同于数据来看。而公共数据定价区别于一般数据定价，也正是因为以上属性差异，最核心的影响定价的属性就是公共属性以及由公共属性衍生出来的其他定价要求或原则。具体来说，公共数据具有公共属性，其定价不仅要考虑市场供需关系，还要考虑促进公共利益和实现社会福利最大化的目标，尽量做到经济价值与社会价值的平衡。公共数据定价不仅需考虑公共数据资源汇集、整理、加工、处理、开发等成本，还需要考虑对公共治理和公益事业的贡献，而一般的数据定价则往往只关注数据的经济价值挖掘，侧重商业应用和盈利潜力。

公共数据定价包括资源定价和产品定价。公共数据资源定价涉及对数源部门供给的公共数据的定价，而产品定价则涉及基于这些公共数据资源进行一级开发和二级开发形成的半成品和产品或服务等的定价。定价对象的形态不同，所处阶段不同使得公共数据资源和产品定价有显著差异。公共数据资源定价更侧重于原始公共数据收集、整理和提供的成本，必须强调公共数据的公共属性和非竞争性特征。由于数源单位往往是政府机构或公共部门，法理上学界普遍认为公共数据资源定价可能更倾向于低成本或无成本的开放供给，以促进公共数据的广泛使用和社会效益的最大化。公共数据产品定价更侧重于数据加工、处理、分析和产品开发过程中的附加值，以及公共数据半成品和产品或服务的市场需求和用户支付意愿（王锦霄等，2024）。产品定价尤其是面向市场需求的公共数据产品或服务定价可能更接近市场定价机制，必须兼顾价值导向和需求异质性。此外，公共数据产品定价需要考虑面向公共治理和公益事业的应用，这与公共数据免费开放的理念相一致。从法经济学视角看，由于公共数据具有边际供给成本几乎为零的特征，面向公共治理和公益事业的公共数据产品应当采取与公共数据资源类似的定价方法，倾向于低成本或无成本的有条件供给以最大化社会福利（夏义堃，2014；范佳佳，2019）。然而，考虑到公共数据资源的收集、处理和维护成本，以及公共数据开发利用过程中的巨大潜在经济价值，公共数据定价可能采取一种平衡策略，通过合理的成本回收机制来维持公共数据开发利用的可持续性（夏义堃，2016；王诚、刘阳阳，2020；卢延纯等，2023）。

综上所述，公共数据定价是一个复杂的过程，需要在促进公共利益、保障数据安全、激励数据创新和实现成本效益之间找到平衡点。这要求政策制定者、公共数据管理者和市场参与者共同协作，建立一个既符合市场规律又满足公共需求的定价机制。

（二）公共数据定价综述

现有公共数据定价相关研究主要涉及两个方面，一方面是关于公共数据收费合理性的文献，讨论的是在公共数据开放背景下公共数据能否收费的问题（刘语、曾燕，2023）；另一方面是在一般数据定价基础上讨论公共数据定价问题。鲜有文献直接就公共数据资源或产品的定价展开理论或实证研究。

对于公共数据收费合理性的核心关切，我们认为应当遵循政策导向和"受益者负担"原则。首先，按照"数据二十条"的文件精神，公共数据应当根据用途即是面向公共治理和公益事业还是面向产业发展和行业发展来区分定价。其次，依据"受益者负担"原则（胡业飞、田时雨，2019），如果面向特定受益人，这部分特定受益人通过公共数据开发利用获取经济收益，就应当采取"成本＋合理利润"形式有偿使用，如果面向公众开放，不是特定受益人，则在成本可控条件下倾向于免费供给（王诚、刘阳阳，2020；卢延纯等，2023）。

对于公共数据定价，现有研究主要归纳出以下数据定价方法：一是传统的会计定价法，包括收益法、市场法和成本法（熊巧琴、汤珂，2021）。这三种方法各有局限，尤其在公共数据定价领域。收益法基于未来收益的折现值，但因数据应用的不确定性和贴现率难以确定，不适用于公共数据定价。市场法类比同类数据的市场交易价格，但由于公共数据价值的场景依赖性，以及市场尚处于初期，也不适用。成本法则通过累加数据生产成本来估值，操作简单，但可能忽略买方需求异质性，导致数据价值被低估。尽管如此，现有的数据价值评估中往往是基于成本法（许宪春等，2022）。二是新型的数据定价法，比如期权定价法（祖广政、朱冬元，2022）、信息熵定价法（Luo 和 Xing，2021）、博弈模型定价法（张小伟等，2021；Liu等，2019）、拍卖定价法（张小伟等，2021）等，以上方法技术性较强，除了博弈模型定价法与拍卖定价法外往往是针对特定数据展开的定价技术，不适合公共数据。三是综合评价指标体系定价法（黄倩倩、任明，2023）。这是目前数据质量评价、数据价值评估最常用的，同样适用于公共数据的定性定量相结合的定价方法。与传统定价方法相比，应用综合评价法能够相对全面衡量公共数据价值的多个层面，不仅从经济角度出发，还融入了社会和技术分析，实现多维度量化公共数据价值，做到相对更准确地评估公共数据在不同应用场景下的综合效益。

正如前文关于公共数据定价概念界定所述，公共数据定价既有类似一般数据定价对经济价值追求的内容，也有区别于一般数据定价的公共属性考量，需要区分公共数据资源定价和公共数据产品或服务定价。然而，尚未发现从以上角度展开公共数据定价研究，因此如何从公共数据特征属性出发，总结归纳公共数据定价思路原则，基于现有地方实践，设计出符合特征规律、定价原则和政策目标的公共数据定价方法，是当前公共数据开发利用的最核心问题。

二、公共数据定价原则

为了解决公共数据开放困境和合规高效释放经济社会价值，"数据二十条"提出公共数据授权运营机制探索，尝试引入市场力量来缓解公共数据开放两难困境，由此掀开公共数据有偿使用和定价机制探索。借鉴福建省公共数据资源有偿使用的先行实践探索，本书梳理出以下公共数据定价的基本原则：政策遵循原则、受益者负担原则、价值导向原则、经济社会价值平衡原则以及兼顾需求原则。

（一）政策遵循原则

公共数据定价的第一个原则就是政策遵循原则，即无论是公共数据资源还是公共数据产品的定价机制设计都不能脱离政策要求和政策方向，政策遵循是其他定价原则的前提基础（王锦霄等，2024）。当前公共数据定价政策的顶层设计仍然是"数据二十条"中"推动用于公共治理、公益事业的公共数据有条件无偿使用，探索用于产业发展、行业发展的公共数据有条件有偿使用"，清晰指明公共数据两个重要应用方向的定价要求，即公共治理、公益事业的"有条件无偿使用"和产业发展、行业发展的"有条件有偿使用"，明确有偿使用的范围。

进一步，对于"有条件有偿使用"，"数据二十条"还指出"推动用于数字化发展的公共数据按政府指导定价有偿使用"，更加清晰地要求以"政府指导定价"作为公共数据定价机制探索的底层设计。根据《中华人民共和国价格法》中关于"政府指导价"的官方定义，政府指导价是指"依照本法规定，由政府价格主管部门或者其他有关部门，按照定价权限和范围规定基准价及其浮动幅度，指导经营者制定的价格"。不难看出，"基准价＋浮动价"是政府指导价的关键定价形式设定。因此，成本核算下的基准价加合理利润的浮动价设计是公共数据有偿使用的重要探索方向，也是本书后续公共数据定价的主要依据。

（二）受益者负担原则

源于环境治理的受益者负担原则，其核心是"谁受益、谁补偿"。该原则在法经济学和公共经济学中得到广泛应用，是构建公平、透明且具有适应性的（准）公共品或公物价格政策的理论基础，也是本书中公共数据有偿使用探索的合法性基础。它可以确保公共数据开放和授权运营活动的成本和收益在受益群体之间公平分配。特别是存在特定受益人时，该原则要求从公共数据中获得额外经济或社会效益的特定受益人支付相对应的费用，保障公共数据资源配置的效率和公正性的同时推动公共数据的持续供给和合规高效开发。

在公共数据定价过程中应用受益者负担原则时，应严格遵循两个核心准则（黄燕芬，2003）。首先，定价机制必须确保收费项目与受益者所获得的实际利益紧密相连，避免无端增设收费项目，导致定价和收费行为偏离其本质目的。其次，收费设计应当合理，不得超过受益者从公共数据中获得的收益总额，确保受益者的支付与其获得的经济社会效益相匹配，以实现成本与收益之间的均衡。超过受益量收费是变相的征税，扭曲公共数据开发利用，造成福利损失；而低于受益量收费则是对受益人的变相补贴，存在国有资产流失风险。

（三）价值导向原则

公共数据开放的两难困境最大的问题就是严重滞后公共数据的价值释放，因此政府指导价下的有偿使用探索首先要以价值导向为原则。一方面，定价离不开价值，公共数据与一般数据一样具有价值不确定性和场景异质性，因此公共数据定价机制设计必须紧密围绕公共数据的价值要素，不能脱离价值单纯从成本来定价(欧阳日辉、龚伟，2022)。另一方面，价值导向原则还有一定条件下的挖掘公共数据最大价值的含义，因为公共数据具有公共品属性，虽然权属不清晰，但终归是资产，如果严重偏离价值定价，会造成资产流失，制约公共数据潜在价值的释放。

（四）经济社会价值平衡原则

当然，价值导向原则并不意味着公共数据定价遵循市场价格形成机制，只顾追求经济价值和效率。因为公共数据定价不同于一般的数据定价，公共数据有公共属性，类似水电热气等自然垄断行业，需要在价值导向原则基础上进一步将经济价值与社会价值的平衡作为重要定价原则。该原则是确保公共数据资源既满足市场需求下效率目标也体现其公共产品属性的关键，可以确保公共数据作为公共产品能够促进社会整体福祉和长期可持续发展。经济价值体现在公共数据能够为使用者带来的直接经济利益，如提高生产效率、创造新的商业模式等。而社会价值则体现在公共数据的公共品属性上，如促进知识共享、增强社会透明度、支持公共决策和政策制定、提高公民参与度等。平衡这两种价值，可以确保公共数据定价既能激励公共数据供给，提升供给质量和水平，最大程度释放公共数据潜在价值，又能保障社会总福利最大化，避免因定价过高而导致的公共数据获取不公，确保公众以合理的成本获得公共数据，实现公共数据要素的公平分配和合规高效流通利用。

（五）兼顾需求原则

公共数据与一般商品不同，标准化程度较低，而且由于其价值有显著的场景异质性和波动性，公共数据定价不能全然不顾需求主体的需求异质性以及支付意愿，这就要求我们要遵循兼顾需求原则，这也与当下地方公共数据流通定价实践相符合。兼顾需求的定价原则一方面可以实现价格歧视定价，高度匹配用户的异质性需求和支付意愿，充分挖掘数据市场的总剩余，增加社会总福利；另一方面，兼顾需求异质性和支付意愿的公共数据定价机制可以更大程度地挖掘公共数据应用场景，更充分释放公共数据价值。本书主要关注用户的需求异质性，并根据最常见的两种需求异质性即数据规模需求异质性和数据产品或服务的版本、级别需求异质性来具体设计定价策略。

三、公共数据定价

（一）价格形成机制

参照《中华人民共和国价格法》（以下简称《价格法》）① 相关规定，本书认为公共数据的价格形成机制可以根据流通方式、定价主体、定价权限和范围规定分为三类：政府定价、政府指导价和市场调节价，如图 5-2 所示。

具体来说，公共数据开放情形下的公共数据价格形成机制应当采取政府定价。根据公共数据开放的概念内涵、特征数据以及世界各个

---

① 《中华人民共和国价格法》，https://www.gov.cn/banshi/2005-09/12/content_69757.htm。

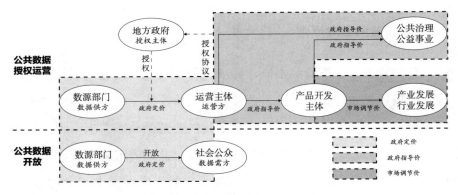

图 5-2　公共数据价格形成机制

国家、地区的开放实践，我们认为公共数据开放应当遵循一些基本原则：开放性原则、非歧视性原则、可访问性原则、透明性原则以及应开尽开原则。只有政府定价能够确保公共数据流通能坚持以上原则，有效避免获取不平等的同时通过设置合理的使用条件来平衡公共数据的开放与保护，确保公共数据的安全性、合规性和合理使用。

对于公共数据授权运营来说，价格形成机制就复杂得多。本书主要根据公共数据流通去向将授权运营中的公共数据分为三类：一是数源部门流向运营主体的公共数据资源（本质是授权协议下的使用权和经营权授权）；二是经运营主体流向产品开发主体的公共数据资源半成品（本质还是公共数据资源）以及经运营主体或产品开发主体流向公共治理和公益事业的公共数据资源或公共数据产品或服务；三是经产品开发主体流向产业发展、行业发展的公共数据产品或服务。这三类情形因为公共数据的形态不同、来源不同、流通去向不同、定价主体不同而选择不同的价格形成机制（见图5-2）。

首先，第一类即经公共数据授权运营协议授权下的数源部门流向运营主体的公共数据资源的价格形成机制应当选择政府定价，原因与公共数据开放类似，这里不做赘述。其次，第二类公共数据的价格形成机制选择政府指导价的最主要原因是受益者负担原则、经济社会价值平衡原则、数据来源去向和定价主体变更。运营主体作为拥有此类公共数据定价权的特定受益群体，其取得公共数据使用权和经营权的方式并非市场竞争取得，而是经过政府制定的授权主体筛选机制确立，这类公共数据必须纳入政府指导价，而非由市场竞争形成。政府指导价能够在保证此类公共数据流通利用的公益性和公平性的同时，允许运营主体根据要素成本投入制定价格合理回收成本，确保公共数据授权运营的可持续性。同时，政府指导价具有一定的价格灵活性，政府可根据此类数据的来源和流向来制定不同的定价策略，以适应不同场景的特定需求，例如后文将要论述的经运营主体面向公共治理和公益事业的公共数据资源应该采取有条件免费或保本法定价，而面向产品开发主体时则采取保本微利法定价。最后，第三类公共数据的价格形成机制应当选择市场调节价，主要原因是定价主体是市场化的公共数据产品开发主体，流通去向是面向产业和行业发展的用户需求。市场调节价允许公共数据产品开发主体在政府监管下，根据成本、价值和市场需求自主定价，市场竞争形成的价格能够灵活反映供需关系，激发公共数据产品开发的创新和竞争，促进公共数据要素的高效开发利用。这也是公共数据授权运营机制引入社会力量提高公共数据开发利用质量水平的关键设计。同时，政府在此过程中通过监管确保市场公平和公共数据流通安全合规，避免市场失灵。

（二）定价方法

首先，公共数据开放采取政府定价，具体的定价方法从国内外开放实践来看，主要采取免费开放和有偿开放两种。以欧美发达国家为代表的公共数据开放主要采取的是免费开放与有偿开放相结合的形式，其中以英国为代表的公共数据有偿开放试图通过有偿使用费来回收公共数据开放的成本。这时政府会面临两个重要难题：一是回收成本的有偿费用应该采取何种定价法，是边际成本定价、平均成本定价还是"固定成本＋边际成本"定价？二是有偿开放的费用能否超过成本？（胡业飞、田时雨，2019）从英国以及欧盟其他国家的公共数据开放实践来看，无论是边际成本定价、平均成本定价还是"固定成本＋边际成本"定价，这种仅限于成本范围内的成本补偿定价都无法摆脱公共数据开放的困境，究其原因是这三种成本范围内的回收补偿并不能有效覆盖成本，政府面对日积月累的公共数据和面向公众普惠平等的开放活动仍然存在财政缺口。针对这种成本范围内的有偿开放困境，部分国家尝试突破成本限制，探索"成本＋合理收益"的公共数据有偿开放定价，我们将这种定价方法定义为"保本微利"，即在成本回收补偿的基础上叠加微薄的、合理的收益。"保本微利"定价的确可以有效缓解政府财政压力，确保公共数据开放活动的可持续性。于是，我们看到日本、德国、法国等发达国家纷纷尝试以"成本＋合理收益"来维持公共数据开放活动。然而，公共数据开放采取"成本＋合理收益"定价也面临一些合法性争议，即政府或公共部门利用有偿开放盈利是否沦为变相向需求群体征税来充盈财政的工具？因此，不同于日本、德国、法国等国家的公共数据"免费开放＋有偿开放"方案，根据"数据二十条"以及国家和地方的公共数据开放政策来看，我国公共数据开放主要采取的定价方法是有条件免费开放。因为我国在面对公共数据开放两难困境时，采取创新的授权运营模式，让公共数据开放回归开放本质，确保公共数据开放的合法性基础，因而普遍采取有条件免费开放定价。对于开放活动的成本，最早由数源部门信息公开等财政支出负担，随着公共数据日积月累，开放成本已经超过财政负担，同发达国家一样，数源部门出现"不愿"与"不能"困境。这一困境正是授权运营模式需要考虑解决的，即如何科学设计定价机制和收益分配机制实现数源部门的成本补偿，确保公共数据开放和授权运营的可持续性。

如图 5-3 所示，公共数据授权运营过程中的公共数据定价比较复杂，本书参考借鉴福建省基于分级开发模式的公共数据有偿使用实践，即福建大数据一级开发公司的"数据使用费 + 技术服务费"的两级定价思路，将授权运营过程分为三个阶段：授权阶段、一级开发阶段和二级开发阶段；同时如前文所述，三个阶段中的公共数据因形态不同、来源不同、流通去向不同、定价主体不同又确立了三种价格形成机制：政府定价、政府指导价和市场调节价。从对应关系来看，授权阶段主要是采取政府定价，一级开发阶段主要是政府指导价，二级开发阶段涉及两类价格形成机制，政府指导价和市场调节价，具体各阶段的定价方法需要具体阶段具体分析。

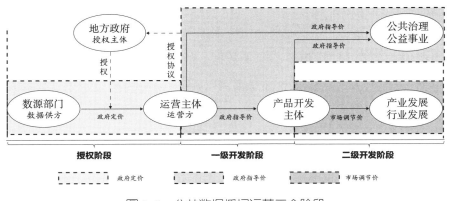

图 5-3　公共数据授权运营三个阶段

首先是授权阶段。根据胡业飞、田时雨（2019）的研究，公共数据存在特定受益对象时，公共数据有偿使用是存在合法性基础的。这里的有偿使用是在授权运营模式下，区别于发达国家的有偿开放模式。公共数据授权运营是在公共数据开放的基础上，通过引入社会力量，经政府或公共部门授权，由特定运营主体（可以是一个，即整体授权或独家授权；也可以是多个，即分散授权，包括领域授权和场景授权，具体参见第二节中运营模式相关内容）开展公共数据资源的运营活动，经过一级开发和二级开发，面向特定需求群体，合规高效地释放公共数据的经济社会价值。因此，根据受益者负担原则，授权阶段的运营主体应当为其从数源单位获取公共数据资源承担相应的补偿或者付费，这部分补偿或者付费采用政府定价形式。此时政府可选择以行政收费的方式向运营主体提供公共数据资源，例如授权使用费。行政收费的目的是用来补偿公共数据数源部门的原始公共数据采集、整理以及管理、运营和维护的成本，确保数源部门公共数据资源的可持续供给，因此这里的授权使用费的定价方式本质上就是"保本法"。目前，福建省在基于分级开发模式的公共数据有偿使用探索中即采取这种定价方法，以"计费不收费"的非税收入管理方式收取这个阶段的公共数据资源使用费用来补偿覆盖数源部门供给成本。具体授权使用费的拟定方法同样借鉴福建大数据一级开发公司关于数据使用费的定义、设定和定价思路，我们将公共数据数源部门的原始公共数据归集整理以及管理、运营和维护的成本界定为公共数据授权费用，即公共数据授权运营主体需要支付的用来覆盖数源部门归集、整理、管理、运营和维护的基本费用。授权使用费由三部分决定：一是供给成本项，二是质量和价值调整系数，三是受益调整系数，如式（5-1）所示：

授权使用费 = 供给成本 × 质量和价值调整系数 × 受益调整系数(5-1)

　　式（5-1）中，供给成本项即经成本核算下的公共数据资源供给的总成本，也即成本法下的单项数据资源成本与供给规模的乘积。其中，单项数据资源成本由单位固定成本和单位边际成本加总得到，单位固定成本是单项数据所需的数源部门归集、整理、管理、运营和维护中使用的软硬件及网络资源等成本投入，单位边际成本是运营维护和管理的单位服务成本。质量和价值调整系数，是根据数源部门供给的公共数据资源质量评价和价值评估进行价格修正的参数，这一项一方面是价值导向原则的体现，另一方面是对数源部门供给的反馈调节，通过价格修正项的引入，运营主体以及后续开发主体、市场需求用户的价格构成中的授权使用费会对数源部门形成反向的经济激励。受益调整系数则是对受益者负担原则的重要体现，这一项本质上是数源部门将该规模公共数据用于授权运营的份额，这里的份额是个抽象比例参数，主要通过公共数据面向政府侧服务量和面向市场侧服务量的比值确定，是粗粒度衡量该公共数据资源在数源单位产生的所有价值中来源于授权运营的比例。这里所有价值指的是该公共数据资源用于数源部门内部事务、用于跨部门—跨区域—跨层级共享以及用于授权运营的价值总和。受益调整系数本质上是回应公共数据收费合理性的参数设计，即用于数源部门内部事务和跨部门—跨区域—跨层级共享那部分的公共数据已经通过部门财政支出支付过了，因此只需要覆盖用于授权运营比例份额的那部分成本。任何超过受益调整系数的授权使用费就是变相对运营主体的征税，偏离公共数据授权运营的设计初衷以及授权使用费征收的合法性根基。总之，授权阶段的公共数据资源定价，遵循受益者负担原则、价值导向原则，以数源部门的公共数据资源化成本核算为基础，综合考虑公共数据资源的质量、价值以及受益结构等多重因素，构建授权使用费的定价方法规则。

其次是一级开发阶段。运营主体经授权以行政收费下的授权使用费从数源部门获取一定规模的公共数据资源后，尝试以固定成本和边际成本进行公共数据资源的一级开发，对照福建大数据一级开发公司的技术服务费设定，这里的固定成本可以近似看作由硬件资源成本、软件资源成本和网络资源成本构成的资源使用费，边际成本可以看作由单位数据开发成本、单位运营维护成本和单位运营管理成本构成的单位数据基础服务费。因此，运营主体开展公共数据资源的一级开发所需要投入的总成本为数据授权费与技术服务费的和：

一级开发总成本 = 授权使用费 + 一级开发固定成本 + （一级开发单位边际成本 × 数据规模）　　　　　　　　　　　　　　　　　　　（5-2）

运营主体完成一级开发过程形成大量的公共数据半成品，该半成品主要有两个流向：一是直接面向公共治理和公益事业提供；二是继续开发利用路径，流向产品开发主体，经二级开发形成公共数据产品或服务。根据政策遵循原则、受益者负担原则以及经济社会价值平衡原则，面向公共治理和公益事业提供的公共数据资源半成品，可类比公共数据开放的定价思路即采取有条件免费供给。但同时需要注意的是，公共数据开放的定价主体是政府，而这里的定价主体是运营主体，因此除了采取有条件免费供给外，为了维持这一路径的可持续性，在政策指导价的指引下可借鉴授权阶段的行政收费定价思路，采取"保本法"定价。具体采取免费还是"保本法"，依据在于供给的公共数据资源半成品的成本高低，为了建立面向公共治理和公益事业的长效供给机制，成本低的应当采取有条件免费供给，成本高的应当采取"保本法"供给，具体界限划分应当以政府指导为准。再来看面向二级开发主体路径的定价过程。根据政策遵循原则、受益者负担原则以及经济社会价值平衡原则，面向二级开发主体供给公共数据资源半成品时，运营主体应当采取政府指导价下的"保本微利"法定价，原因有二：一是"保本"，满足运营主体一级开发的成本补偿，确保一级开发过程的可持续性。二是"微利"，根据欧美发达国家有偿开放的定价机制发展进路，单纯采用边际成本定价、平均成本定价抑或是"固定成本＋边际成本"定价等限于成本范围内的成本法定价不能有效激励供给部门实现供给质量和水平的提升；与此同时，不采用"市利"设计是因为运营主体取得公共数据使用权和经营权的方式并非经市场竞争取得，而是经过政府依据授权主体筛选机制确立，如果按照"市利"定价等于变相的政府通过运营主体"与民争利"，偏离公共品供给和定价的合法性基础。确立"保本微利"法定价后，还需要进一步确定"微利"的定价规则。根据政府指导价管理，一级开发的利润率应当受到政府的利润管制，即将一级开发的利润率控制在一个由政府指导设定的合理区间范围内，已有实践将利润率设定在 [8%，12%] 的区间范围内。

最后是二级开发阶段。公共数据产品开发主体从运营主体获取一定规模的公共数据资源半成品后，根据市场用户的场景需求，尝试以固定成本和边际成本进行公共数据资源的二级开发，固定成本和边际成本仍然可以对照福建大数据一级开发公司的技术服务费设定，这里不再赘述。因此，二级开发主体开展二级开发所需要投入的总成本为公共数据资源半成品售价和二级开发成本的和：

二级开发总成本＝一级开发售价＋二级开发固定成本＋（二级开发单位边际成本 × 数据规模）　　　　　　　　　　　　　　　　　（5-3）

二级开发主体完成二级开发产出的公共数据产品或服务主要有两个流向：一是直接面向公共治理和公益事业提供；二是面向产业发展和行业发展的市场需求主体。与运营主体面向公共治理和公益事业提供的公共数据资源半成品定价不同，市场开发主体没有义务面向公共治理和公益事业供给公共数据产品或服务，政府一般采取鼓励的方式引导市场开发主体的自愿性公益供给。因此，经鼓励和引导的市场开发主体面向公共治理和公益事业供给的公共数据产品或服务定价应当由市场主体自由定价，考虑到用途是公共治理和公益事业，市场主体一般会采取免费供给（公益慈善）和"保本法"供给（可持续公益），具体选择哪一种供给方式，由企业根据自身情况自愿选择，绝不能强制企业供给。再来看面向产业发展和行业发展的市场需求路径的市场调节价下的具体定价规则。授权运营模式的关键机制之一就是引入社会力量完成公共数据的价值释放，社会力量的发挥离不开市场价格对场景需求的挖掘和供给需求的灵活匹配。因此，面向产业发展和行业发展的公共数据产品或服务采取"成本 + 市场收益"的"成本市利法"定价。其中，成本即二级开发成本，"市利"即市场收益。具体来说，这里的市场调节价下的"成本市利法"定价是采用政府调节下的行业指导价，行业指导价由行业共识和市场规律形成。政府对市场的调节管制体现在出现价格垄断、不正当竞争等情况时介入并调节行业指导价。

根据兼顾需求原则，公共数据产品或服务存在众多价格发现机制，包括根据需求用户对数据的实际使用量进行收费的按需定价机制，根据用户使用的数据量或服务级别设定不同价格层级的阶梯定价机制，用户支付定期定额费用获得对动态更新数据集持续访问的订阅制定价机制，根据用户类型、使用时长和使用场景等设定不同的价格的差异化定价机制，对于具有独特价值、高需求或特定用途的数据集采取多种拍卖方式的拍卖定价机制，针对不同版本或不同服务层级的数据产品设置不同的价格如常见的基础版与高级版差别定价、按数据精度分级定价等分版本定价机制等。通过不同的价格发现机制设计确保数据产品和服务的价格能够综合考虑数据可复制性、非竞争性等一系列因素，真实反映供需关系和数据内在价值，这样才能最大化释放公共数据产品或服务的潜在价值。

综上，我们在图 5-2 的基础上得到本书的公共数据分层定价设计（见图 5-4）。

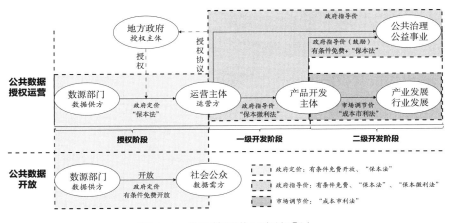

图 5-4 公共数据分层定价设计

下 篇
数据要素应用场景

发挥"数据要素 ×"效应,实施"数据要素 ×"行动,推动生产生活、经济发展和社会治理方式深刻变革,对培育新质生产力、实现高质量发展具有重要意义。下篇选取了金融服务、科技创新、绿色低碳、医疗健康等"有基础、有场景、有需求"的行业和领域,介绍了"数据要素 ×"的赋能作用。具体包括数据与金融风险管理,数据资产管理;科学数据助力基础科学研究和技术研发创新;数据要素推动数字经济与生态环境保护协同发展;合理利用医疗数据以促进医疗服务和公共健康的整体提升。我们相信,伴随着数据要素应用广度和深度大幅拓展,各领域数字化转型深入推进,还会产生更多、更有价值的数据,创造更丰富的应用场景。

第六章　数据要素 × 金融服务

在数字化时代，数据资源已经成为推动金融行业创新和发展的关键力量。数据要素作为新的生产要素，正在与金融服务深度融合，为金融行业带来前所未有的变革。一方面，通过大数据分析、人工智能等技术，金融机构能够实现风险的实时监控和预警，有效降低金融风险。区块链等技术的应用，为金融交易提供了更加安全、透明的环境。另一方面，金融机构通过收集和分析大量的用户数据，能够更准确地了解用户需求，提供定制化的金融产品和服务，为用户带来更好的体验，也为金融机构带来新的发展机遇。聚焦"数据要素 × 金融服务"，对于提升实体经济金融服务水平，提升科技金融、绿色金融、普惠金融、养老金融等服务水平，增强金融抗风险能力具有重要意义。

第一节　另类数据

一、另类数据的概念

另类数据（Alternative Data）是指投资者用来指导投资策略的非传统数据集，另类数据集包括信用卡交易数据、移动设备数据、物联网传感器数据、卫星图像、社交媒体情绪、产品评论、天气数据、网络流量、应用程序使用以及环境、社会和治理（Environment，Social and Governance，ESG）数据。一些另类数据提供商还跟踪公司喷气机航班、政府合同和国会交易。这些现象说明了另类数据的快速崛起。

另类投资管理协会（Alternative Investment Management Association，AIMA）与金融科技公司 SS&C 合作发布的一份报告显示，另类数据提供商的数量是 30 年前的 20 多倍——目前活跃的提供商有 400 多家，而 1990 年只有 20 家。AIMA 的报告和美国银行的另一项调查显示，如今大约一半的投资公司使用另类数据，随着越来越多的公司投资于新技术，这个数字可能会继续增长。

二、另类数据的优势

另类数据超越了标准的财务报表，涵盖了额外的数据点，更全面地描绘公司的业绩。公司可以查看企业收到的正面评价或每天访问其商店的客户数量。这些因素可能会揭示一定程度的客户忠诚度。收集有关在线评论、网络流量和受众细分等因素的数据可以帮助公司分析受众群体，进行有针对性地改进以增强客户体验。同时，拥有了更广泛的数据可供审查，企业还可以更好地评估其他组织并确定战略合作关系伙伴。一家公司的本地市场、目标受众和最成功的产品会告诉潜在合作伙伴他们有哪些相似之处和互补之处，有利于企业之间建立互惠互利的伙伴关系。廖理等（2021）研究电商销售数据发现，电商销售数据不仅可以反映消费者行为，也与上市公司的销售活动息息相关，同时，可以用来预测公司的基本面信息——未预期收入、未预期盈余和盈余公告累计超额收益。姜婷凤等（2020）基于 100 多个网站的高频价格大数据测度中国商品价格粘性程度、识别价格调整模式，并将微观测度结果用于测算货币政策有效性，洞察数字经济对商家调价行为和宏观经济动态的影响。刘涛雄等（2019）更是基于互联网在线大数据设计可靠的高频 CPI 指数，用于预测通货膨胀和实时监测经济形势。

另类数据在金融服务领域的应用广泛而深入，它通过提供传统金融数据之外的独特视角和信息维度，极大地丰富了投资决策、风险管理和市场分析的方法和手段。例如，人工智能算法可以根据投资者的风险偏好、财务状况和收益目标，提供个性化的资产配置建议，并实现投资组合的持续跟踪和动态调整。机构和投资者可以利用社交媒体情绪和网络流量等数据来捕捉市场趋势，及时分析数据并采取行动，从而优化投资策略，使组织能够避免误导性投资；同时，卫星图像和信用卡交易数据等被用于更准确地评估企业和个人的风险。此外，移动设备位置数据揭示的消费者行为模式为市场趋势提供了宝贵的洞察，而供应链和物流信息的分析则有助于金融机构提升运营效率。另类数据还在合规监控和客户洞察方面发挥着重要作用，通过分析交易模式和交易对手信息，帮助金融机构及时发现潜在的违规行为并更好地满足客户需求。总地来说，另类数据的优势在于能够揭示那些不易被发现的市场动态和风险因素，为金融机构提供更全面、深入的理解和应对市场的新工具。

三、另类数据的缺点

虽然另类数据存在诸多用途，但在使用此类数据时可能需要考虑一些缺点，如数据来源多样且不稳定、质量难以保证、数据获取成本高昂，处理这些数据需要复杂的技术，增加了成本和技术门槛，同时，涉及隐私和合规风险。随着这些数据变得更加普及，其独特性和价值可能逐渐减少，使得依赖这类数据的长期效益受到质疑。

　　另类数据的不稳定性源于多方面因素，包括数据来源的多样性、收集和处理方法的不确定性、数据时效性的波动以及数据质量的挑战。第一，另类数据的多样性使得其质量的稳定性难以保证。这些数据可能来源不同，包括社交媒体、传感器、卫星图像等，每种来源都有其特点和局限性。如社交媒体数据可能受到用户行为的影响，而传感器数据可能受到设备故障或环境变化的影响。这种多样性意味着数据质量可能会因来源不同而产生差异，导致数据的不稳定性。第二，另类数据的收集和处理方法存在不确定性，这也会影响数据的质量和稳定性。收集另类数据的方法通常较为灵活，可能涉及爬虫、传感器技术、人工采集等多种方式。然而，这些方法可能不够标准化或严谨，导致数据的准确性和可靠性受到影响。此外，数据在处理和收集过程中可能会受到噪音、偏差或错误的影响，进而影响数据的稳定性。第三，另类数据通常具有较高的时效性，但也可能存在时效性的波动。例如，社交媒体上的实时舆情数据可能会受到事件发展和用户评论的影响，导致数据的准确性和可靠性出现波动。最后，另类数据的质量挑战也是其不稳定性的重要原因之一。这些数据通常是非结构化或半结构化的，需要进行处理和清洗才能用于分析。然而，数据清洗过程中可能会出现错误、缺失值或异常值，影响数据的质量和稳定性。此外，数据的量和覆盖范围可能不如传统金融数据，这也会影响数据的代表性和可靠性，进而增加了数据的不稳定性。

　　另类数据在提供深入洞察的同时，也引发了严重的隐私和合规性风险。由于这些数据往往包含个人详细信息，如社交媒体活动、位置数据或消费行为，客户和消费者并不总是了解金融机构如何收集数据，使得使用这类数据可能涉及数据保护法律和隐私权规定。未经授权地收集、存储或分析个人数据，不仅可能导致法律诉讼和重罚，还可能损害公司的声誉和消费者信任。因此，确保另类数据的合法、合规使用是至关重要的。

第二节　数据与金融风险管理

一、数据增强企业信用

数据对企业信用的提升可以从信息不对称、企业声誉、信息经济学以及社会责任等理论角度进行解释。高质量的数据资产可以帮助企业建立良好的声誉和形象，进一步提升市场对企业的信任度。研究表明，企业的声誉和信誉对其市场竞争力和长期发展至关重要（Akerlof，1970）。通过有效管理和利用数据，企业可以提高市场对其信任度和认可度，从而增强企业的信用水平。

信息不对称理论认为，在市场交易中，买方和卖方的信息水平不对称会导致资源配置效率低下。企业通过数据资产提供客观的业绩数据和财务信息，向投资者展示企业的运营状况和发展前景，从而增加投资者对企业的信任和信用。高质量和可信任的数据资产还可以减少信息不对称性带来的风险和不确定性，增加市场参与者对企业的信任度，从而提高企业的信用水平。

信息经济理论认为，信息是一种特殊的商品，具有一定的市场价值。通过增信，可以提高数据资产的市场认可度和交易效率，促进信息的有效利用和交换。数据作为信息的重要载体，在企业经营中发挥着关键作用，数据资产可以提供关于企业经营状况和财务状况的详细信息，包括销售数据、客户数据、财务报表等。这些信息可以帮助银行评估企业的盈利能力、偿债能力和稳定性，从而更准确地判断企业的信用风险。数据资产还可以提供关于市场趋势、行业竞争和宏观经济环境等方面的信息。银行可以通过分析这些数据，评估企业所处的市场环境和行业竞争力，从而更好地预测企业未来的发展前景和风险。

社会责任理论认为，企业应该承担起对社会的责任，包括对利益相关者的责任。有效管理和利用数据资产可以帮助企业提供更好的服务和产品，提高社会福利水平，增强企业的社会声誉和信用度。同时，数据资产的安全和隐私保护也是企业履行社会责任的重要方面，通过保护用户数据安全和隐私，企业可以赢得用户的信任，提高企业的信用水平。

二、数据增强信贷机构的信用风险评估能力

随着全国各地的监管机构都在努力制定相应的立法和指导方针，以确定哪些数据可以用于哪些场景下的预测任务（如信贷、营销、人力资源），避免可能涉及的隐私或道德问题，各种数据源可能有助于增强信用风险模型。数据驱动的客户分析被积极用于抵押贷款的发起和信用扩展。信贷机构将信用记录数据与客户的在线足迹数据（如购买行为、社交媒体资料、工作经历）汇总在一起，以预测客户的信用状况，在线足迹可以帮助找出哪些客户有违约风险，并相应地调整抵

押贷款信贷期限和利率。Berg 等（2020）使用德国一家销售家具的电子商务公司的数据来研究使用客户分析进行信用扩展的影响，由于先发货再开具发票，电子商务平台使用这两种信息来源预测买家的信誉，他们发现，客户分析是对征信机构信息的补充，而不是替代，这影响了获得信贷的途径，降低了违约率。

文本数据是改进信用风险模型的一个重要信息源。Stevenson 等（2021）将信贷官方文本声明与标准信用评分相结合来预测小企业贷款违约，发现文本具有可预测性，但与传统的结构化信用风险评分相结合时，可预见性降低。Zhang 等（2020）基于借贷描述的文本数据构建 P2P 借贷模型，他们运用深度学习展示了文本数据与传统数据结合之后如何进一步提高 AUC 表现。Nguyen 等（2021）利用包含有关公司质量及其前景信息的 SEC 文件，并将其与财务报表和市场数据结合使用来预测公司信用评级。信用风险建模也需要考虑新闻报道或社交媒体帖子等文本数据。Cathcart 等（2020）根据汤森路透新闻分析数据库构建了一个全球新闻情绪指标，发现它可以用来预测信用违约掉期（Credit Default Swap，CDS）的收益，进而预测违约风险，并且积极的情绪通常伴随着收益的减少。Aguilar 等（2021）为西班牙构建了一个基于报纸的每日情绪指标，协助校准信贷风险模型。Bartov 等（2022）发现汇总推特上的意见可以预测 CDS 价差和信用评级。

网络数据也可用于信用风险建模。Óskarsdóttir 等（2019）使用呼叫详细记录数据，与传统信用风险建模数据结合，显著提高了模型统计性能和盈利能力，这项研究的灵感来源于人们倾向于跟自己同经济圈的人通信。使用呼叫详细记录数据进行信用评分可以提高信用风险模型的性能，这对于生活在发展中国家的人、少数民族、移民和年轻人来说尤其重要，因为这些人通常没有可用的历史数据来做出信贷决策，移动电话数据为这些人群信用风险评估提供了一个替代方案，促进了金融的包容性。Óskarsdóttir 和 Bravo（2021）创建基于借款人的地理位置和经济活动的多层双边网络，以模拟信用风险。

在线数据也是一个需要考虑的数据源。Rozo 等（2023）证明网页浏览量提高信用风险模型的预测准确性，社交媒体数据也可能是信用评分的潜在来源。De Cnudde 等（2019）研究了在小额信贷中使用 Facebook 数据进行信用评分。Yang 等（2022）使用深度学习技术通过借款人的社交媒体帖子识别借款人的个性特征，识别出的心理测量模式可以预测信用风险。

三、数据放松融资约束

金融科技公司通过可用数据和数据处理技术的改进使传统上被排除在外的客户能够获得信贷，将金融服务扩展到更广泛的客户群体。Hau 等（2019）使用中国蚂蚁金服的数据表明，金融科技信贷扩大了对信用评分较低的借款人的广泛信贷边际，提高了信贷包容性。Ouyang（2021）发现，在中国，采用无现金支付大大改善了支付宝平台上的信贷渠道，尤其是受教育程度较低的人群和老年人。

银行内部的客户交易为特定机构提供了有价值的数据，使其在定价、营销和定制金融服务方面具有比较优势，从而提升金融服务水平和提高金融抗风险能力（Farboodi 和 Veldkamp，2023）。He 等（2023）使用信贷市场竞争的理论模型来研究开放银行对金融科技进入的影响，发现开放的银行监管可以帮助或损害借款人的福利，即使总福利增加。特别是，数据共享可能会给新进入者带来过度的信息优势，从而损害借款人盈余。然而，我们仍处于开放银行的早期阶段，几乎没有任何可靠的数据可以提供有关家庭在金融获取方面的相应结果。金融机构也可以利用大数据来更好地定制服务，提高客户保留率，或用于欺诈检测和提高安全性。数字借贷和区块链是金融科技行业的另外两个领域，它们广泛依赖于人工智能、大数据和大数据技术，并且一直是活跃的研究领域。

第三节　数据的资产价值

一、数据资产化

数据资产化是将符合数据资产定义的数据资源纳入企业的资产项，以体现其业务贡献与真实价值、并实现科学管理的进程。数据资产化意味着数据资产价值得到认可，并被纳入企业的资产范畴。通过合理的管理和利用，数据资产可以为企业在市场竞争中提供优势。数据作为一种生产资源，要成为资产，需要经过确权、估值、入表、交易等诸多环节。数据资产化是数据通过流通交易给使用者或所有者带来经济利益的过程。关于数据资产化的详细流程，可以查阅汤珂编著的《数据资产化》一书。

二、数据资产的价值评估和定价机制

《资产评估专家指引第 9 号——数据资产评估》（以下简称《指引》）第二十条指出，"数据资产的评估方法包括成本法、收益法和市场法

三种基本方法及其衍生办法"。数据在技术属性和内容属性上与专利权、特许权等无形资产较为相近，因此在研究数据资产的货币化价值评估方式时，也相应地参考无形资产的评估方法。

成本法是通过计算对象产生过程各项成本的估值方法。在资产评估领域，成本法一般指重置成本法，即在评估基准日重新购置或生产出一个全新的评估对象所需的成本总和，扣减各项价值损耗从而得到资产价值的办法。成本法在我国资产评估工作中占主导地位，最为常用（俞明轩、王逸玮，2016）。收益法是指估计单期收益规模、折现率、评估对象预期寿命等项得到资产价值的方法，是资产定义的直接体现。市场法又称价格比较法，是根据相同或相类似的资产的现时或近期交易价格，经比较得到评估对象价值的方法。根据《指引》第二十五条，使用市场法评估的一个隐含假设是存在公开、活跃的交易市场。2022 年是数据要素市场化探索元年，上海数据交易所、北京国际大数据交易所等机构和部分地区作为先锋开展数据交易试点。在可见的未来，在产业政策的鼓励下数据要素市场将趋于成熟，因而市场法的前提假设也有望得到满足。市场法的基本思路是对属性相似的资产进行对比分析，参照得到评估对象的市场价值。

第四节　数据资产增信和融资

随着大数据、云计算和人工智能等技术的进步，数据的收集、存储和分析变得更加高效和经济，使得数据资产的价值得以更好地发掘和利用，为数据资产增信融资提供了技术支持。数据资产增信融资是一种新型的融资模式，主要依托企业的数据资产（如用户数据、交易数据、运营数据等）进行资产评估和信用增强，从而获得银行或金融机构的贷款或信用支持。

《中共中央　国务院关于构建数据基础制度更好发挥数据要素作用的意见》指出，"支持实体经济企业特别是中小微企业数字化转型赋能开展信用融资，探索数据资产入表新模式"。2023 年 3 月，深圳数据交易所（简称"深数所"）首批数据商深圳微言科技有限责任公司（简称"微言科技"）凭借在深数所上架的数据交易标的，获得全国首笔无质押数据资产增信贷款，微言科技通过光大银行深圳分行授信审批并成功获得 1000 万元授信额度。深圳作为我国先行示范的前沿阵地，以数据资产化作为新型融资方式破解科技型中小企业融资难问题，在探索数据资产化的道路上又一次实现创新引领。数据资产融资能够盘活企业的沉睡资产，增加融资渠道，对于轻资产企业解决融资难问题有一定的助力，并可进一步激发企业挖掘数据资产价值的积极性；对于银行而言，数据资产融资打开了业务创新的空间，丰富了服务数字经济的产品与业务模式，找到了金融要素与数据要素结合的突破口。

一、数据资产融资的难点

目前数据资产融资还处于刚起步阶段，业务模式尚不成熟，数据要素配置体系也尚在不断完善之中。在此背景下，数据资产融资存在以下难点：其一，数据资产权属核实、价值评估较难，且数据资产价值波动性较强，数据资产的权属界定不明确，数据在生产和流转过程中可能产生数据及衍生数据主体，存在多重主体，这要求建立一个清晰的数据确权机制作为交易和流通的基础。价格形成机制是数据资产流通体系的关键环节，缺乏统一普适的定价标准，使得数据资产的价值量化变得复杂，数据资产有别于标准化可计量的一般大宗商品或者工业制成品，已有的成本法、收益法和市场法等资产评估和定价方法难以适用。

其二，数据安全和隐私保护也是数据资产融资中的一个重要考虑因素，需要确保在流通和交易过程中不侵犯个人隐私并符合法律法规。目前数据交易流通市场运作水平不高，影响初始端数据资产的形成和下游利用空间的延伸，无法有效解决数据资产供给方利益变现问题和需求方获得所需要的资产标的问题，数据交易市场的运作水平有待提高，以促进数据资产的有效流通和利益变现。数据资产处置高度依赖于数据资产交易市场的发育，专业性也较强，风险控制对于商业银行和金融机构而言具有一定的难度。

二、谨慎对待数据资产质押

北京、深圳、贵阳、杭州、长沙、扬州、天津、济宁等多地已出现数据资产质押融资贷款实践。现阶段，数据资产质押融资仍是一项高风险的金融活动，需谨慎对待。从理论上讲，一项资产能够作为质押品的前提是其拥有稳定的市场价值和可交易性（高流动性），这两个前提保证了收押方可以在出质方无法还款时出售质押品进行变现。然而，数据资产多具有强时效性，因而贬值快；同时往往应用场景较为局限，因而不具备高流动性。同时符合这两个条件、可以用于质押的数据资产并不多见，主要集中在高价值的静态数据（如人工智能标注数据）。

建议审慎开展数据资产质押融资、数据资产证券化等金融服务，通过严格的审计流程和规范的登记系统，对静态数据资产充分评估后开展质押融资等活动。

三、推动数据资产增信

企业数据资产化后，数据产品支出从"费用"走向"资产"，资产总量的提升降低了企业的负债率，有利于信用风险评级的提升。在实践中，银行需要根据企业数据资产的质量和价值判断企业的信用评级来增信，如果具备统一的数据资产增信评级指标，将使数据资产增信流程更具安全和可操作性。数据资产增信评级指标强调依据企业研发数据、供应链数据、生产数据、市场调研数据以及客户数据等数据分别进行评级，同时考察数据资产的稀缺性、先进性、累积性、完整性、国际性、稳定性和外溢性等属性，在各一级指标下设二级指标，经过整合得到分级分类的数据资产增信评级指标。指标体系能够为科技型企业提供一个更加公平和透明的评价标准，帮助它们在融资、合作及扩展业务时获得信任和支持。

本书建议从小规模、特定区域或特定行业开始试点项目，逐步总结经验，完善机制；在部分省市设立试点，专门面向科技创新型企业，尤其是大模型初创企业探索数据资产征信体系，鼓励国有银行和商业银行开放数据资产增资试点，推荐为数据密集型企业和数据资产"入表"的企业增资。金融机构结合企业征信数据和数据资产指标可以清晰地为数据驱动型高科技企业画像，进而估算企业的信用程度。此举不仅有助于降低投资者和合作伙伴的风险，还能促进大模型技术的创新和应用，加速科创型企业的成长和产业的整体进步。

四、加强数据资产监管

良性的数据资产化是以合理的监管为前提的,《关于加强数据资产管理的指导意见》提出,对数据资产进行全流程的监管,这是符合数据资产性质和特征的。在市场监管层面,特别要防止数据资产第三方服务机构"劣币驱逐良币"(压低评估价格、提供虚假劣质服务)的行为,规范企业在数据资产评价和评估领域的流程。鼓励和支持专业机构开展数据资产评估业务,制定统一的评估标准和方法,明确评估的范围、目的、原则、程序和要求等,确保评估结果的客观性和准确性。加强对数据资产评估机构的监管,保证评估机构的独立性,避免利益冲突和偏见。对数据资产评估企业的行为进行规范和约束,防止数据资产泡沫的产生,加剧金融系统风险。

数据是信息的载体,数据资产化的监管核心是存证,因而良好的监管需要完善的监管基础设施。未来,数据的登记、评价、评估都应该经过备案和存证,以备事后审查。同时国家应建设统一的数据资产登记数据库,各地的登记机构定期把登记结果进行汇集,以防数据登记的套利行为。

数据要素已经成为金融服务创新的核心动力,它通过提高决策质量、优化风险管理和增强客户体验,彻底改变了金融行业的运作模式。数据分析和大数据技术的应用,使得金融服务更加个性化、精准化,同时,金融科技的发展进一步推动了数据的资产化。然而,这一过程中也伴随着数据安全、隐私保护和合规性的挑战。成功的整合需要金融机构建立强大的数据治理框架,确保数据的质量、安全和合规使用,并通过技术创新来提升数据的商业价值。

投资者在评估金融科技和数据驱动的金融产品时，应深入分析其数据战略、技术能力和市场定位。投资者决策应给予对数据资产潜在价值和风险的综合考量，同时关注企业的社会责任和可持续发展能力。行业从业者应加强数据资产管理，投资于数据分析和人工智能等技术，以提升服务质量和运营效率。同时，需要重视数据伦理，确保数据的透明使用和消费者的知情权。对于政策制定者，建议制定和更新相关法律法规，以保护数据安全和个人隐私，同时鼓励数据要素的合理流通和利用。应建立跨部门协作机制，推动数据标准化和互操作性，为金融服务提供稳定的政策环境。

第七章　数据要素 × 科技创新

　　本章主要讨论了数据要素与科研创新相结合，发挥乘数效应的案例与应用。数据要素对推动基础科学创新突破起着至关重要的作用。在驱动科研探索方面，数据是科研工作的基础。在各个学科领域，科研人员依靠数据来揭示自然和社会规律。数据的收集、整理和分析有助于从现有理论的基础上提出新的研究假设，从而推动学科进一步的发展。在加速技术迭代方面，数据为科学技术的优化和升级提供了重要动力。最近热门的大模型就需要大量的训练数据来进行学习，从而完成版本的迭代和技术的更新。数字经济时代，随着大数据、人工智能等技术的不断发展，数据要素与科学技术相耦合所碰撞出来的火花为引领数字中国建设提供了强大动力。

　　企业的不断发展同样需要研发创新能力的驱动，而数据要素为企业的研发创新提供了丰富的信息资源和决策依据。充分利用数据要素，有利于提高企业决策效率与预测精确度，有益于企业提升生产效率和盈利能力，对于充分激活企业的研发创新能力也逐步发挥出其重要作用（Müller 等，2018；Farboodi 等，2019；谢康等，2020；徐翔、赵墨非，2020；徐翔等，2023）。在传统经济时期，企业迭代式创新的成功由自身研发能力和研发投入决定；在数字经济时代，企业数据为促进突破式研发创新提供了强有力的协助与支持（徐翔等，2023）。通过收集和分析市场需求、消费者行为、竞争对手动态等数据，企业能够更准确地把握市场趋势和用户需求，从而有针对性地开展研发创新活动。这有助于企业避免盲目跟风，减少研发风险，提高创新成功率。

《"数据要素 ×"三年行动计划（2024—2026 年）》（以下简称《行动计划》）提出，要推动科学数据有序开放共享，促进重大科技基础设施、科技重大项目等产生的各类科学数据互联互通，支持和培育具有国际影响力的科学数据库建设，依托国家科学数据中心等平台强化高质量科学数据资源建设和场景应用。

当前数据分析在不同科学领域中的应用现状，与这些领域中数据量是有着重要关系的。例如，天文学和粒子物理方面每年产生的数据超过 1 PB（Hey 等，2012），主要由大型科学装置产生。美国大型综合巡天望远镜（LSST）每晚的观测数据量是 15TB。截至 2024 年 3 月，中国郭守敬望远镜（LAMOST）发布 2512 万余条光谱数据，LAMOST 是世界上唯一一个发布光谱数达到千万量级的光谱巡天项目。在生命科学领域中，数据则主要来自高通量实验。根据维基百科资料，由美国国家生物技术信息中心（NCBI）主管的 GenBank 是一个开放获取的序列数据库，对所有公开可利用的核苷酸序列与其翻译的蛋白质进行收集并注释，目前和它的合作者从全球各个实验室接收了超过百万种生物的数据。中国的华大基因每月仅原始测序相关的数据量就达到 60TB 以上。华大基因做 100 个人的全基因组分析项目时，就有 400TB 的数据存储。与此同时，随着计算模拟能力的不断提高，高通量计算也成为大量数据的重要来源之一（Bell 等 2009；Hey 等，2012；汪洪等，2018）。

第一节 以科学数据助力前沿研究

《行动计划》指出要推动科学数据有序开放共享，促进重大科技基础设施、科技重大项目等产生的各类科学数据互联互通，支持和培育具有国际影响力的科学数据库建设，依托国家科学数据中心等平台强化高质量科学数据资源建设和场景应用。以科学数据助力前沿研究，面向基础学科，提供高质量科学数据资源与知识服务，驱动科学创新发现。本节主要探讨了科学数据赋能各个学科，从而推动科研创新和发展的案例。

一、人类基因组计划

1985 年由美国科学家率先提出的人类基因组计划（Human Genome Project，HGP）可以算是数据助力前沿科学研究的典型案例。人类基因组计划是一项跨越国界、多学科交叉、规模宏大的科学探索工程。该项目的宗旨在于测定组成人类染色体（指单倍体）中所包含的 30 亿个碱基对组成的核苷酸序列，从而绘制人类基因组图谱，并且辨识其载有的基因及其序列，达到破译人类遗传信息的最终目的。在计划进行过程中，研究人员采集了大量的基因组数据，包括来自不同人群和种族的 DNA 样本。通过对这些数据的深入研究和分析，科学家们不仅能够识别出人类基因组中的数万个基因，还能够了解基因之间的调控关系、突变模式以及与特定疾病和表型相关的基因变异。此外，人类基因组计划还产生了大量的比较基因组学数据，使研究人员能够比较不同物种之间的基因组差异，从而研究进化过程和生物多样性。

人类基因组计划建立了庞大的数据库，将测序得到的数据向全球科研人员共享。这使得研究者能够基于这些数据进行各种分析，从而推动了基因组学、生物学、医学等多个领域的发展。科研人员通过对人类基因组数据的分析，还发现了许多与遗传疾病、药物制造、生物进化等相关的基因和遗传变异。由这些发现产生的基因诊断和基因治疗，为人类疾病的研究提供了新的思路和方法。该项计划还为生物技术的进步立下了汗马功劳，它推动了基因测序技术的快速发展。在该计划提出之后，基因测序技术不断升级优化，测序成本逐渐降低，使得大规模的基因组测序成为可能。这为后续的研究提供了强有力的技术支持。

人类基因组计划的成功实施对科学研究的发展和人类社会的进步都产生了深远影响。它为人类认识自身遗传信息奠定了基础，为医学、生物技术、药物研发等领域的发展提供了重要支撑。同时，该项目还促进了国际合作与交流，为科学研究的全球化发展做了良好的示范，非常好地诠释了科学无国界这一理念。

二、引力波的探测

引力波是爱因斯坦广义相对论预言的一种时空涟漪现象，由质量或能量在时空中分布的非均匀变化所产生。探测到引力波对于验证广义相对论、理解宇宙起源和演化，以及探索暗物质和暗能量等前沿问题具有重要意义。然而，引力波非常微弱，探测难度极大，需要借助精密的科学仪器和大量的实验数据来进行分析和验证。

在此背景之下，2015 年，激光干涉引力波天文台（LIGO）宣布成功探测到了由双黑洞合并产生的引力波信号，这一成果被誉为物理学史上的里程碑。而这一重大突破的背后，离不开科学数据的强有力支持。为了探测到引力波，LIGO 采用了两个相距 3000 公里的地下探测器，每个探测器由两个相互垂直的干涉臂组成，用于捕捉由引力波引起的时空微小形变。在长达数年的实验中，LIGO 积累了大量的实验数据，这些数据包含了各种噪声和干扰信号，以及可能存在的引力波信号。为了从海量的数据中提取出引力波信号，LIGO 的研究团队采用了先进的数据处理技术和算法。他们首先对数据进行预处理，去除各种噪声和干扰信号，然后利用匹配滤波器等算法对剩余的数据进行搜索和识别。在这个过程中，他们不断调整和优化算法参数，以提高探测的灵敏度和准确性。其中，匹配滤波器是一种关键算法，它可以根据已知的引力波波形模型对实验数据进行搜索和识别，从而提取出引力波信号。

经过数年的努力，LIGO 的研究团队终于在 2015 年成功探测到了由双黑洞合并产生的引力波信号。这一成果不仅验证了爱因斯坦的广义相对论，也为研究宇宙起源和演化提供了新的手段和视角。这一案例启示我们，在物理学等前沿科学研究中，应充分利用科学数据资源，发挥数据驱动的优势，通过不断优化数据处理技术和算法，提高探测的灵敏度和准确性，从而推动科学研究的进步和发展。

三、暗物质的探测

暗物质（Dark Matter）是指不与电磁力产生作用的物质，也就是不会吸收、反射或发出光。人们透过重力产生的效应得知并发现宇宙中有大量暗物质的存在。暗物质是宇宙中一种假设存在的、不发射任何光线的物质，尽管其存在尚未被直接探测到，但天文学家们通过科学数据的分析，已经对其存在提出了强有力的证据。天文学家们收集了大量的星系运动数据，包括星系的旋转速度、轨道运动等。通过对这些数据的分析，他们发现了一些与现有物理学理论不符的现象，如星系旋转速度过快，无法用可见物质的质量来解释。这些异常现象为暗物质的存在提供了间接证据。宇宙微波背景辐射是宇宙大爆炸后留下的辐射，是宇宙学中非常重要的观测数据。通过对宇宙微波背景辐射的观测和分析，天文学家们发现了一些微小的温度波动，这些波动与暗物质在宇宙中的分布密切相关。这为暗物质的存在提供了进一步的证据。在粒子物理实验中，科学家们通过加速器和探测器等设备，寻找暗物质粒子与普通物质的相互作用。虽然直接探测暗物质粒子仍然是一个巨大的挑战，但一些实验数据结果已经排除了某些暗物质模型的可能性，为暗物质研究提供了重要的限制条件。科学数据在天文学前沿研究中发挥了至关重要的作用。这些研究不仅推动了天文学和粒子物理学的发展，也为宇宙起源和演化的理解提供了更深入的见解。此外，科学数据在推动跨学科合作方面也展现出强大的潜力。暗物质探测涉及天文学、粒子物理学、宇宙学等多个领域，只有通过跨学科合作和数据共享，才能充分利用各种科学数据，推动暗物质研究的不断深入。

第二节　以科学数据支撑技术创新

本节将聚焦生物育种、新材料创制和药物研发领域，剖析以科学数据支撑技术创新的应用创新，探索以数智融合加速技术创新和产业升级。

一、生物育种技术创新

生物育种是生物技术育种的简称，利用分子育种、合成生物、细胞工程育种、胚胎工程育种等一系列现代生物工程技术，深度挖掘利用生物基因资源，培育、生产和应用性能优良的动植物新品种，实现了从转基因育种 3.0 版跨入智能设计育种 4.0 版。（林敏，2021；徐凌验，2024）。从 20 世纪末到 21 世纪初，组学、系统生物学、合成生物学和计算生物学等前沿科学不断交叉融合，从而催生出能培育颠覆性重大品种的现代生物育种技术，其中最具代表性的技术包括全基因组选择、合成生物和基因编辑技术（林敏，2020）。

发展生物育种技术，对于大幅度提高育种效率、培育农业新品种、解决种源"卡脖子"难题具有重大意义。随着基因编辑、新一代测序等新型生物技术的创新，产生了全基因组测序、分子标记等大量的数据，对大数据进行分析和挖掘，让育种变得精准可预测，随着相关前沿生物技术更加全面地应用到育种创新中，将快速、精准、高效地取得多个优异性状聚合，有利于加速优异、特异性状发掘和品种创新。目前，全球农业发达国家已进入了"生物技术＋人工智能＋大数据"的生物育种 4.0 时代。

生物科学数据的积累为生物技术的创新提供了动能。随着众多生物技术的应用，实验过程中产生的数据在量级上有了大幅度的提升，这使得实验获得的结果包含更加全面的信息，从而为学科的发展以及技术的迭代提供了条件。全基因组选择育种技术通过计算生物学模型预测和高通量基因型分析，在全基因组水平上聚合优良基因型，改良重要农艺性状。随着高通量测序、组学大数据和基因芯片技术的突飞猛进，全基因组选择育种技术越来越多地被应用于农业生物品种育种实践中（林敏，2021）。我国利用全基因组选择技术对中国荷斯坦牛综合性能进行评估之后，择优选取种公牛，这种技术的应用使青年种公牛的选择准确性显著提升，对于主要性状基因组遗传评估的准确性达到 67%—80%，与我国过去的公牛后裔测定相比，准确性提高了 12%—17%。大幅度缩短了公牛的世代间隔，由常规育种的 6.25 年缩短到 1.75 年，缩短了 4.5 年，加快了群体遗传进展（赵杨杨等，2019；黄耀辉等，2022）。国家重点研发计划"七大农作物育种"项目对 17000 多份重要种质材料进行了全基因组水平的基因型鉴定，获得了海量基因型数据。初步建立了以育种芯片为核心的水稻全基因组选择育种技术体系，该体系主要利用了高通量 SSR 标记技术鉴定筛选目标基因、利用 Open Array 芯片技术鉴定筛选染色体区段单倍型、利用全基因组育种芯片技术鉴定筛选遗传背景等（农业部科技教育司，2019；林敏，2021）。

科学数据在生物育种技术创新中发挥着重要作用。随着生物技术的不断发展和数据分析方法的进步，生物数据将为生物育种技术赋能，提供更加精准、全面的数据支持，推动生物育种技术的不断升级，为农业生产带来持续的突破和显著的效益。

二、新材料创制

新材料（New Material）是指新近发展或正在发展的具有优异性能的结构材料和有特殊性质的功能材料。结构材料主要是利用它们的强度、韧性、硬度、弹性等机械性能。如新型陶瓷材料，非晶态合金（金属玻璃）等。功能材料主要是利用其所具有的电、光、声、磁、热等功能和物理效应（何盛明，1990）。

数据驱动新材料产业发展的模式推动材料领域产生了材料基因组计划和材料信息学。科研人员正减少对实验性反复试验或高通量从头计算的依赖，转而采用数据驱动和机器学习的方法预测各种材料的性质并指导实验人员发现和开发新的高性能材料（Zhou 等，2019）。

材料基因工程在 2011 年由美国提出，即发展数据库、高通量计算方法与高通量实验方法三大要素，为加速材料科学的智能设计提供技术支撑（杨丽等，2019）。数据是材料基因工程的重要要素之一，各国都十分重视材料数据库的建设（汪洪等，2018）。美国国家标准技术研究所（NIST）资助的 Materials Data Facility 是一个专门为材料研究人员开发关键数据服务的平台，目标是促进数据开放共享、简化数据发布和管理工作流程、鼓励数据重用以及为各种规模和来源的数据提供强大的数据发现界面。目前该平台收集的数据量已达到 80TB、拥有 650 个数据集和 100 个已被索引的数据源。美国的 Materials Project 是一个多机构、跨国项目，旨在计算所有无机材料的性能，并免费为每位材料研究人员提供数据和相关分析算法，目前拥有材料数据 154718 个，被引次数超过 42000。瑞士的 Pauling File 数据库收录了相图、晶体结构和物理性能数据，是世界上规模庞大的无机化合物数据库。英国的 Granta Design 是材料数据和技术的主要供应商，拥有世界领先的企业材料智能管理系统和领先的材料数据来源，提供的材料天地（Material Universe）和工艺天地（Process Universe）数据库收录了众多材料和工艺数据。日本物质·材料研究机构（NIMS）建设的 MatNavi 数据库是关于高分子、陶瓷、合金、超导材料、复合材料和扩散的世界上最大的数据库之一，它包括聚合物数据库（化学结构、聚合、加工、物理性质、核磁共振谱等）、无机材料数据库（晶体结构、相图、物理性质等）、金属材料数据库（密度、弹性常数、蠕变特性等）和计算电子结构 DB（通过第一性原理计算获得的能带结构等），它还提供复合材料设计和性能预测系统等应用程序。目前，我国公开的材料数据库主要有国家材料腐蚀与防护科学数据中心和国家材料科学数据共享网。

随着实验和计算数据的增加，材料信息学领域发展迅速。材料信息学的一个重要任务是通过采用数学和信息科学方法，使用现有的材料数据来预测新材料的性质。近年来，材料实验和模拟产生了大量的数据，这些数据协同人工智能技术，催生了新材料领域高精尖技术的创新，驱动了新材料科学的发展。在材料性质的输入和输出之间通常存在复杂的关系，这些关系很难使用传统的线性和非线性关联方法来处理。由于机器学习技术的发展，这些复杂的关系可以通过建模来发现。在数据方面，许多不同类型的材料性质数据（如物理、化学、机械、电子、热力学和结构性质）都可以由第一原则计算（如弹性模量）或实验测量（如导热系数）生成。如此大的数据为数据驱动技术和机器学习方法的应用创造了条件，也为新的先进材料的发现和设计增添了动力（Zhou 等，2019）。

三、药物研发

药物研究与开发的目的是寻找和发现新药。药物研究与开发需要多学科协同配合，一般来说，药物研发的第一阶段是发现先导化合物，先导化合物具有某种生物活性但因自身存在缺陷而不能作为药物应用于临床；药物研发的第二阶段为先导化合物的优化，对第一阶段存在不足的先导化合物进行结构修饰和数据优化，从而提供安全有效的候选化合物，再经临床前和临床实验来验证候选化合物是否符合新药上市的标准（马红梅，2014）。

近年来，随着国内新药研发的增多，模型引导的药物研发（Model-Informed Drug Development，MIDD）在新药研发和监管审评中的应用越来越广泛，对于提高新药研发效率和指导决策制定等具有重要作用。2020年，国家药品监督管理局颁布的《模型引导的药物研发技术指导原则》中定义，模型引导的药物研发通过采用建模与模拟技术对生理学、药理学以及疾病过程等信息数据进行整合和定量研究，从而指导新药研发和决策。模型，特别是基于机理的模型，是总结既往已有数据，然后据此预测未来结果的工具。将既往药物数据耦合建模与模拟技术应用于药物研发的多个阶段，可在药物研发的多个关键决策点发挥重要作用。

图结构数据分析是一种基于深度学习分析图结构数据的一种具体方法。大多数药物研发中预测模型的输入数据均为基于其分子描述符进行的计算或编码。图神经网络（Graph Neural Network，GNN）是一种直接利用深度学习分析图结构数据的方法。这里的图并非指单纯的图像，而是一种非欧几里得（Non-Euclidean）形式的数据。GNN将这些类型的数据作为图，即对象（节点）及其关系（边）的集合，以学习低维节点嵌入。这些嵌入可以更好地处理和分析节点之间的关系和相似性，从而根据节点之间的关系来推断节点的性质和行为。同时这种图数据也能以最直观和简洁的方式来表示药物分子。图数据具有高度复杂的结构，可能存在大量未被发现的数据信息，可供研究者挖掘（Zhang等，2022；余泽浩，2023）。

从头药物设计是指没有起始模板的情况下生成新型药物化合物的过程。近年来，各种基于深度学习的从头药物设计的模型被提出，与传统的从头药物设计方法相比，人工智能技术通过对海量的化合物或者药物分子数据的学习，获得化合物分子结构和成药性方面的规律，进而根据这些规律生成很多自然界从未存在的化合物作为候选药物分子，并预测不同的合成路线，有效构建拥有一定规模且高质量的分子库（马彦博，2023）。

药物研发在数据要素与模型和各种算法技术日益紧密的融合发展中获得了更多可能性。通过数据支持，我们可以更加清晰地看到技术创新在药物研发中的实际效果和价值。随着技术的不断进步和应用范围的扩大，药物研发领域将蓬勃发展，这对造福人类具有重要意义。

第三节　以科学数据支持大模型开发

《行动计划》提出要以科学数据支持大模型开发，深入挖掘各类科学数据和科技文献，通过细粒度知识抽取和多来源知识融合，构建科学知识资源底座，建设高质量语料库和基础科学数据集，支持开展人工智能大模型开发和训练。本节将聚焦语料库、基础科学数据集的建设和人工智能大模型研发，探索科研新范式，充分依托各类数据库与知识库，推进跨学科、跨领域协同创新，以数据驱动发现新规律，创造新知识，加速科学研究范式变革。

一、建设高质量语料库和基础科学数据集

（一）语料库

语料库（Corpus）是指经科学取样和加工的大规模电子文本库，

其中存放的是在语言的实际使用中真实出现过的语言材料，用于语言研究、自然语言处理（NLP）等领域。语料库中的内容可以是书面文本或口语转写，被用来代表一种语言或语言变体的样本。这些文本数据经过处理后，可以用于语言学分析、语言模型训练、机器翻译、情感分析、文本分类等多种应用。语料库可以是单语的，即只包含一种语言的数据，也可以是多语的，包含两种或多种语言的对应文本。为了便于分析和查询，语料库通常会进行分词、词性标注、句法标注等处理，并且会建立索引以提高检索效率。

语料库在自然语言处理领域尤为重要，因为它们提供了大量真实世界中的语言使用实例，这对于建立准确的语言模型和算法至关重要。此外，语料库还能够帮助语言学家研究语言的实际用法、频率分布、词汇搭配等，进而深化对语言现象的理解。

一个语料库系统的建设，主要包括三方面工作：语料库资源建设、检索引擎开发和提供语料库检索服务。中文语料库构建方面，我国目前有"国家语委语料库""北京大学现代（古代）汉语语料库""兰卡斯特汉语语料库"等；在英语语料库方面，有"英国国家语料库（BNC）""美国当代英语语料库（COCA）"等（荀恩东等，2016）。

（二）基础科学数据集

科学数据主要指在科学研究活动过程中加工产生或再利用的数据产品或数据资料，通常按照来源可以划分为实验数据、观测数据和计算数据，按照产生方式可以划分为原始数据、验证数据和衍生数据（宋秀芬等，2021；杨宁等，2024）。科学数据包括社会公益性事业部门所开展的大规模观测、探测、调查、实验等活动长期积累的海量数据以及对这些数据的综合分析形成的过程及结果数据，也包括各类国家科技计划项目实施与科技工作者长年累月科学实践所产生的大量数据（高强等，2023）。国家科学数据共享工程对科学数据的定义是：人类在认识世界、改造世界的科技活动中所产生的原始性、基础性数据，以及按照不同需求系统加工的数据产品和相关信息（张计龙等，2015）。

2018年国务院办公厅印发了《科学数据管理办法》，旨在加强科学数据管理，保障科学数据安全，提高开放共享水平，更好地支撑国家科技创新、经济社会发展和国家安全。随着科学数据开放共享与重复利用的需求日益显著，构建基础科学数据集将为数据开发利用提供基础数据保障。基础科学数据集的开放共享对于促进数据流通、释放数据价值具有重要的引领作用。

国防基础科学数据集就是一个典型的例子。高强等（2023）研究了国防基础科学数据建设与应用，认为国防基础科学数据是促进国防和军队现代化建设的重要战略资源。国防科学数据是开展国防科技研究与武器装备建设全寿命周期活动产生的或者能够应用于上述活动的基础性科学数据。这些基础性科学数据由国防科研活动本身产生的内部数据和能够支撑国防科研活动的外部科学数据共同构成，包括原始观测数据、探测数据、试验数据、实验数据、调查数据、考察数据、遥感数据、统计数据等，是国防科技创新的重要战略资源。国防基础科学数据具有高价值性、多学科交叉性、多源异构性、动态性、保密性和高质量性。

在国防基础科学数据建设总体架构设计方面。将建设对象、建设和使用主体、软件工具、标准规范、安全保密等要素进行综合组织架构。对于国防科技创新、武器装备研制科学决策管理等应用需求，以打通基础科学数据赋能国防科技创新、武器装备研制和科研管理决策为链路，以实现国防基础科学数据增值增效为目标，将多种来源的国防基础科学数据进行有效组织，形成多维度国防基础科学数据体系，利用集采集、生产、评估、管理和服务功能于一体的国防基础科学数据软件工具，打通基础数据到应用服务的技术链路，形成系列应用服务，支撑国防科技创新、武器装备研制、科研决策管理等用户应用。其中，软件工具中的数据评估模块是针对国防基础科学数据的高质量性特点，提供国防基础科学数据质量评估方法技术实现，保障国防基础科学数据质量。同时，建设标准体系和安全保密技术环境，确保建设与应用过程规范、安全可靠（高强等，2023）。

二、人工智能大模型开发和训练

从 2018 年起，预训练大模型成为人工智能领域一大重点研究方向，围绕预训练大模型和基于预训练大模型的人工智能创新应用在学术界、产业界和大众中引起广泛关注（王莉，2023）。按照所能处理的数据类型，大模型可分为两类：语言类大模型和多模态类大模型。语言类大模型文本数据的来源不仅包括网页、对话文本、书籍等通用数据，还包含多种语言的语料库、科技论文、代码等专用数据。多模态类大模型的数据常常来源于网页和专用数据集。语言类大模型训练数据的准备流程一般包括收集、过滤、去重、隐私去除、分词。在转化为向量数据后，相关数据被加载到图形处理器（GPU）中进行训练。而多模态类大模型则需要对图片、视频、语音等非文本的数据对象，先进行适当的解码、缩放、裁剪、归一化处理，再通过特征提取将其转化为向量数据（Zhao 等，2023；田海东等，2024）。

以 ChatGPT 为代表的语言类大模型是数智时代技术更迭和应用创新的典型代表。人工智能大模型 ChatGPT 的问世，将自然语言的理解与生成能力提升到新的高度，并具备了跨学科、多场景、多用途的通用性。以 ChatGPT 为代表的大模型技术实现了人工智能技术从"量变"到"质变"的跨越，有望发展成为人工智能关键基础设施，发挥"头雁"效应赋能千行百业，加速推进国民经济和社会的高质量发展（戴琼海，2023）。

除了 GPT 模型外，Google、Meta、Anthropic 等公司也相继开发出一系列大模型项目。2021 年 10 月，Microsoft 和 NVIDIA 联合推出由 DeepSpeed 和 Megatron 驱动的 Megatron-Turing NLG 530B 自然语言生成模型（MT-NLG），该模型有 5300 亿个参数，在当时是相当大的规模（SMITH 等，2022）。2023 年 3 月，Anthropic 发布了 Claude，Claude 可通过开发人员控制台中的聊天界面和 API 进行访问，能够执行各种对话和文本处理任务，同时保持高度的可靠性和可预测性。Claude 还可以帮助处理包括摘要、搜索、创意和协作写作、问答、编码等。2023 年 7 月，Anthropic 又推出了该公司迭代版新产品 Claude2，在编程、数学和推理方面进行了改进，它可以显示 100k token 的上下文窗口，能够一次性处理大约 7.5 万个单词的文本，可以提交数百页的材料进行分析，对话时间也可以持续几个小时甚至几天。2024 年 3 月，Claude 3 被推出，将支持 200k token 的上下文输入窗口。Google Bard 在 2023 年 2 月 6 日首次亮相，由对话应用程序语言模型 LaMDA 提供支持，并推出新的功能以帮助用户更好地定制服务。LLaMA 是 Meta AI 团队开发的一种从 7B 到 65B 参数的基础语言模型，在训练数据集方面，只使用公开可用的数据，这样可以使模型与开源兼容（Touvron 等，2023）。我国在通用大模型方面也呈现出百花齐放的态势，如百度基于文心大模型技术发布的生成式对话产品"文心一言"，阿里巴巴发布的"通义千问""通义万相""通义听悟"等一系列关于生成式对话、智能会话创作以及基于专业领域通用大模型的通义家族产品，上海人工智能实验室发布的"书生"和科大讯飞发布的"星火认知智能大模型"等。

大模型的场景创新应用方面。在国外，微软先后将 GPT-4 整合进 Bing 搜索、Azure 云服务、Windows 11 等产品及系统中，发布的 Microsoft 365 Copilot 将极大地助力生产力的提高。GPT-4 整合资料的能力，相当于为各个领域提供了初级助手，极大地节约了对于琐碎信息查找和整合的时间。GPT-4 模型甚至被引入美国国防部、美国航空航天局等政府机构，用于情报分析、舆情监控、军事战略规划、网络安全、模拟和优化太空任务等领域，提供辅助决策支撑。在国内，各大科技企业在行业大模型上进行了众多研发。腾讯在 2023 年 6 月发布了一站式行业大模型精选商店 MaaS（Model as a Service）。腾讯混元是腾讯自主研发的通用大语言模型，目前主要服务于腾讯内部业务，已成功应用于企业微信、腾讯会议、腾讯文档、腾讯乐享、腾讯电子签、腾讯问卷、TAPD、腾讯云 AI 代码助手等腾讯产品。2023 年 7 月 13 日，京东推出言犀大模型，布局产业应用。言犀大模型在开发计算平台、京东物流超脑、智能零售客服与导购、健康助手与辅助诊疗、AI 增长营销平台等供应链场景开展落地实践。华为盘古系列 AI 大模型在能源、零售、金融、工业、医疗、环境、物流等众多行业完成场景验证。（刘聪等，2023）。

AIGC 代表生成式人工智能，是指一类能够生成内容的人工智能系统。这些系统通过学习大量的数据，可以生成具有一定逻辑性和创造性的内容，如文本、图像、音乐和视频等。2024 年 2 月，美国人工智能研究公司 OpenAI 推出名为 Sora 的文生视频模型，又一次颠覆了人工智能领域的既定格局。相较于同类视频生成模型，Sora 在视频时长、分辨率的精细化程度以及场景真实感再现方面均达到了全新高度。尤为值得注意的是，Sora 在模拟物理世界现象的精确性和多样性方面实现了突破，展现出重现现实世界丰富细节场景的强大能力（任天知、沈浩，2024）。

第八章　数据要素 × 绿色低碳

数据要素 × 绿色低碳是"数据要素 ×"战略的重要组成部分，是国家数据要素发展部署下应对绿色发展转型实际需要的关键政策安排，同时也是必要路径。因此，本章将在"数据要素 ×"政策背景下，界定数据要素 × 绿色低碳的概念内涵，阐述其目的意义和必要性，在此基础上构建基本理论框架，详细论述未来趋势与挑战，并针对性提出具体的政策建议。通过数据要素的深入运用，推动生态环境保护和数字经济协同发展，为建设美丽中国、实现人与自然和谐共生提供有力支撑。

第一节　数据要素 × 绿色低碳的理论机制分析

一、概念内涵

《"数据要素 ×"三年行动计划（2024—2026 年）》清晰明确地指出"数据要素 ×"的概念内涵，即数据作为一种新型生产要素，在数字经济中呈现的"乘数"影响力。具体来说，数据要素的乘数效应指的是数据要素与其他生产要素如劳动力、资本、技术等相结合，基于数据的场景应用和数字技术融合创新，显著提升生产效率、促进要素资源的高效配置，实现数据驱动下的全局优化，不仅推动了不同行业、不同部门、不同区域间数据与知识的交流与碰撞，还催生了新业态和新的商业模式，为经济增长注入新的动力。这种数据要素的乘数效应不仅体现在数据驱动的决策优化、协同效应增强、创新孵化、个性化服务提供，还反映在数据要素对传统产业的数字化转型升级以及新经济模式的赋能上（欧阳日辉、刘昱宏，2024；靳晓宏等，2024；吴江、陶成煦，2024）。"数据要素 ×"直白地阐释了数据要素在数字经济时代背景下投入经济社会大生产所蕴含的多维价值和巨大潜能，逐渐发展成为推动中国式现代化建设与数字经济高质量发展的关键引擎（靳晓宏等，2024）。

数据要素 × 绿色低碳是"数据要素 ×"与绿色发展战略的有效结合，是在"数据要素 ×"的政策和概念基础上，针对绿色低碳发展目标而拓展的具体应用路径。目的是利用数据要素推动生态环境的精细化治理，促进能源和自然资源的绿色可持续利用，驱动绿色低碳技术创新，及早实现碳中和目标，建设美好绿色中国。核心目标是探索数据要素驱动下的经济社会发展与生态环境保护的和谐共生和同频发展，最终实现高质量绿色发展（吴江、陶成煦，2024）。

探索推进数据要素 × 绿色低碳政策与实践的必要性主要体现在以下几个方面：首先，应对全球能源危机和气候变化是国际社会的共同责任，而数据要素作为一种新型生产要素，能够为绿色低碳发展提供科学决策支撑和融合创新动力。其次，通过数据要素的多样性场景开发和深度复合应用，尤其是数据要素在传统能源、电力、钢铁、交通运输、供应链等产业领域的探索应用，可以显著提升能源资源管理水平，提高资源配置效率，促进降污减排，推动数字化与绿色双转型（吴江、陶成煦，2024）。最后，随着数据要素化与资产化进程，数据作为关键生产要素和新型资产，其在绿色低碳行业领域的投入使用和流通配置能够显著提升产业竞争力，提高产业链位置，孵化催生出绿色低碳领域的新产业形态和新商业模式，作为中国应对全球能源危机和气候变化的“数据要素 ×”方案。

具体而言，《“数据要素 ×”三年行动计划（2024—2026 年）》已经明确了数据要素 × 绿色低碳的政策框架与实践路径，政策路径内容包括提升生态环境治理的精细化水平，推进气象、水利、交通、电力等数据的融合应用；加强生态环境公共数据的融合创新，优化环境风险评估；提升能源利用效率，促进能源数据的融合创新；以及提升废弃资源的利用效率和碳排放管理水平。通过以上政策路径设计，未来三年将着重探索数据要素的绿色低碳场景开发与创新应用，实现经济增长与生态环境保护的协同共赢。

二、理论基础

以往研究表明，数据要素作为数字经济时代的新型生产要素，在推动经济高质量发展中扮演着越来越重要的角色。数据要素的合规高效利用，可以通过决策支持（McAfee 等，2012；吕铁、李冉，2022）、效率提升（Müller 等，2018；Farboodi 和 Veldkamp，2021；靳晓宏等，2024）、技术创新（Jones 和 Tonetti，2020；Cong 等，2021）、催生新业态和新商业模式（Goldfarb 和 Tucker，2019；靳晓宏等，2024）以及信号传递等多个机制以及机制之间的协同，形成推动高质量发展的合力。如图 8-1 所示，本章在相关研究与理论基础上，结合现实场景，详细论述数据要素驱动绿色低碳的五种主要机制，以及这些机制之间的相互联系和影响。

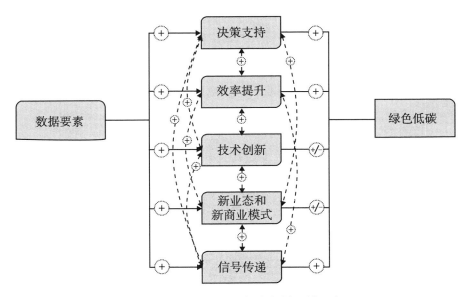

图 8-1　数据要素 × 绿色低碳理论框架

决策支持机制。决策支持机制通过实时监测与数据采集、数据分析与模型预测、基于数据的风险评估与管理、消费者行为数据分析与引导、基于数据的政策评估与优化等多方面，提升决策的准确性和有效性，从而正向促进绿色低碳。政府和企业通过对环境、能源、污染等信息的实时监测与数据采集，获取环境和资源使用的详细数据，通过数据分析制定更加科学的环保政策（Van 等，2015；Troilo 等，2017；赵云辉，2019；王韶华等，2024）。例如，智能电网的用电数据可以用于优化能源调度和预测用电需求，支持能源管理决策；卫星遥感数据的采集分析可以精准监测森林覆盖率和空气质量，从而制定保护措施。数据分析帮助预测和预防环境风险，通过气象数据和历史灾害数据，可以预测极端天气事件的发生，提前采取应对措施，减少灾害带来的环境破坏。通过分析消费者行为数据，企业可以设计更加绿色的产品和服务，引导消费者选择环保产品。电商平台的数据分析可以发现消费者对绿色产品的偏好，进而优化产品供应。政府通过数据分析评估现行环保政策的效果，及时调整和优化。例如，政府利用大数据和 AI 构建智能双碳管理平台系统，支撑碳预测和碳减排的决策。

效率提升机制。数据要素可以通过提高碳效率、能源效率、生产效率和供应链效率等，减少资源和能源消耗、污染排放和碳排放等，正向促进绿色低碳。通过数据监测和分析，优化生产过程中的碳排放，提升碳效率（Alcayaga 等，2019；陈岩、徐玢，2023；刘培，2023；Liao 等，2024；刘文发、陆学峰，2024；韩晶、姜如玥，2024）。例如，通过实时监控工厂的排放数据，可以发现并减少生产过程中的碳泄漏。利用数据优化能源使用，提升能源利用率，智能电网系统通过数据分析，实现电力的实时调度和优化分配，提高能源利用效率。通过数据分析优化生产流程，提高生产效率，减少资源浪费，制造企业通过数据分析优化生产线配置，提高生产效率，减少原材料浪费。通过数据共享和分析，提高供应链的透明度和协调性，减少物流和库存成本，通过供应链数据的实时共享，可以优化库存管理，减少运输环节的能源消耗。

技术创新机制。技术创新机制通过特定绿色低碳应用场景的技术创新和通用技术创新，推动绿色技术的发展和应用，正向促进绿色低碳（宋德勇等，2021；张思思等，2022；杨刚强等，2023；刘禹君，2024）。在新能源领域，通过数据分析优化风能和太阳能的发电效率，风力发电企业通过气象数据和发电数据的分析，优化风机布局和运行，提高发电效率。在智能制造领域，通过大数据和人工智能技术，推动智能制造的发展，提高生产效率和资源利用率，通过工业物联网数据的分析，优化设备维护和生产调度，提高生产线的综合效率。然而，存在一些技术创新例如语料数据驱动的大语言模型技术，虽然可以提升效率，但与此同时会产生巨大的资源和能源消耗，对绿色低碳产生负面影响（Li 等，2023）。

新业态和新商业模式机制。数据要素催生孵化的新业态或新商业模式，既可能正向促进绿色低碳（韩晶、陈曦，2022；韩晶等，2022；张斌、李亮，2024），也可能对其产生负向影响（Li 等，2023）。例如，共享经济和循环经济模式通过数据驱动的数字化平台实现资源的高效利用和循环再生，共享单车通过数据分析优化车辆投放和调度，减少交通拥堵和碳排放。而大规模语言模型（LLM）经济和算力经济产业虽然可以提升效率促进绿色低碳发展，但与此同时也造成巨大的资源和能源消耗，尤其是数据中心和 AI 训练模型需要大量的电力和冷却资源，增加碳排放和污染排放（Lin 和 Huang，2023）。

信号传递机制。数据要素通过信息披露机制等公开释放的市场信号和政策信号，引导资本、人力、技术等向绿色低碳领域集中（王韶华等，2024；李柏桐等，2024；郑国强等，2024）。在市场方面，碳交易市场、绿色金融和消费者行为数据等通过实时数据公开传递碳排放、投资机会和市场需求信息，吸引企业和投资者将资源投入到绿色项目和低碳产品的研发中。在政策方面，环境监测数据、政策评估数据、激励措施数据和绿色公共采购数据等通过透明化的信息披露和分析，传递绿色低碳政策的效果和需求，引导企业和公众的绿色低碳响应，优化资源配置和技术创新。通过这些信号的公开释放和有效传递，数据要素实现将社会各界资源向绿色低碳领域疏导，促进绿色可持续发展。

根据以上数据要素驱动绿色低碳的五种机制的内涵论述以及相关

研究，不难发现五种机制之间存在内在的相互逻辑关联。清晰厘清机制之间的关联逻辑会进一步加深对数据要素驱动绿色低碳的深层机理的理解。如图 8-1 所示，五种机制两两之间存在一定程度的相互影响和作用关系，具体如下：

决策支持与效率提升。决策支持机制提供的数据分析可以优化资源配置，提高运营效率。效率提升过程中积累的数据可以用于改进决策支持，提供更加准确和实时的决策信息。比如，能效评估数据可以帮助企业做出优化生产流程的决策，进而提升生产效率。反过来，企业能耗数据可以帮助优化生产流程，提高能效，进而引导和调整未来的生产决策。

决策支持与技术创新。数据要素驱动的决策支持可以识别技术创新的需求和方向，推动研发和应用新技术；技术创新的成果反过来可以为决策支持提供新的工具和方法，提升决策的质量和效果。比如，决策支持系统通过数据分析，发现能源领域的技术创新需求，引导新能源技术研发。反过来，新能源技术创新成果又可以结合数据要素进一步优化能源治理决策。

决策支持与新业态和新商业模式。决策支持可以通过数据分析和市场洞察，推动企业探索和创建新的业态和商业模式；反过来，新业态和新商业模式的孵化发展给决策过程提供新的数据和案例，丰富决策支持的内容和方法（孙新波等，2019；刘锐等，2020）。例如，用户出行数据的分析洞察催生了共享单车经济模式，反过来共享单车企业通过用户骑行数据分析，可以优化车辆投放策略，提高运营效率，同时也为城市交通管理提供了决策依据。

决策支持与信号机制。决策支持提供的数据和分析结果可以作为市场和政策信号，影响资本和资源的流动方向；信号机制传递的市场需求和政策导向可以指导决策支持的重点和方向，优化决策过程（王韶华等，2024）。例如，碳交易市场的价格波动数据可以帮助政府制定更精准的碳减排目标和措施，同时这些政策信号也可以引导企业的低碳技术投资决策。

效率提升与技术创新。技术创新可以提升资源利用效率和生产效率，而效率提升过程中积累的资源和数据又反过来支持技术研发和创新，推动技术进步（戴翔、杨双至，2022；张帆等，2022；许晖等，2023）。比如，研发的智能建筑管理系统通过实时监测建筑物能耗数据，实现自动优化供暖、通风和空调系统（HVAC）运行，显著提升能源效率。反过来，系统能效改进过程和改进数据又可用于 HVAC 系统和智能管理算法的进一步研发。

效率提升与新业态和新商业模式。通过提升效率，企业可以优化资源配置，降低成本，探索新的业态和商业模式；新业态和新商业模式的发展可以为效率提升提供新的需求和动力，推动企业持续优化。例如，通过效率提升，物流企业优化运输路线，降低成本，进而探索共享物流的新模式。反过来，共享物流模式的发展需求促进企业进一步提升运输效率。效率提升与信号机制。效率提升的成果本身就是一种信号，通过信号传递吸引更多资本和资源投资绿色低碳项目。而基于数据的市场需求和政策导向信号又反过来引导激励企业进行效率提升。例如，某上市公司通过提高能源效率，实现降污减排并获得绿色认证，经信息披露向市场释放信号，成功吸引环保基金投资，同时这一投资信号又反过来激励企业继续进行能效改进。

技术创新与新业态和新商业模式。数据驱动的数字技术融合创新可以催生孵化新业态和新商业模式。新业态和新商业模式的发展反过来又产生新的场景需求，推动技术的研发改进（尹西明等，2023；聂耀昱等，2023；许晖等，2023）。例如，通过技术创新，企业可以开发新的绿色技术和产品，推动循环经济和共享经济的发展。反过来，循环经济和共享经济模式的发展需求，可以为技术创新提供新的方向和动力，推动技术的不断进步和应用。再如，数据驱动的 ChatGPT 模型技术催生孵化出 LLM 新业态并迅速拓展到各行各业，反过来 LLM 新业态发展让 ChatGPT 模型由 GPT-3 快速演化至 GPT-4o。

技术创新与信号机制。与效率提升类似，技术创新成果会向市场释放信号，吸引绿色低碳资源、资本和人力的投资和进入。而市场需求和政策导向信号是企业新技术研发的重要参考，促进导向领域的技术研发和创新应用。例如，特斯拉在电动汽车技术的创新领先吸引大量资本投入和流量关注，而政府的绿色低碳支持政策的信号如新能源补贴和减税措施则进一步推动电动汽车技术的研发和推广。

新业态和新商业模式与信号机制。数据要素驱动的新业态和新商业模式的成功或者失败都会作为市场信号来指导和优化资本、人力和技术等资源配置，而市场需求和政策导向信号又会为新业态和新商业模式的孵化提供方向和指导。例如，以抖音为首的注意力数据驱动的"短视频"商业模式的快速发展作为信号，吸引大量的资本、人力和技术进入该新业态，同时，"短视频"的巨大流量关注又作为市场需求信号诱导"短视频"模式向"广告＋电商＋直播"模式演化。

以上五种机制之间的相互联系和协同，使得数据要素驱动绿色低碳发展的路径更加多元和灵活。总之，数据要素在绿色低碳发展中发挥着至关重要的作用，通过五种机制的助力与协同作用，可以形成巨大合力。尽管当前面临一些挑战和潜在的负面影响，但通过科学的管理和合理的政策引导，可以实现绿色低碳发展的目标，数据要素 × 绿色低碳必然会为全球绿色低碳发展贡献更多智慧和力量。

第二节　数据要素赋能绿色低碳发展的趋势挑战
　　　　　与政策建议

一、未来趋势与挑战

在全球加速应对气候变化和推动可持续发展的背景下，数据要素在绿色低碳发展中的作用日益凸显。通过实时数据采集、精准分析和智能化应用，数据要素可以显著提升资源利用效率，优化环境管理和政策制定，推动技术创新和市场激励，催生新的绿色低碳业态和商业模式。然而，这一进程也面临着数据质量标准不统一、隐私安全风险、能源过度消耗等诸多挑战。

（一）发展趋势

未来"数据要素 × 绿色低碳"的发展趋势和方向将是多方面和多层次的。技术层面，前沿技术的融合应用将成为趋势；场景层面，智能化和精细化管理将深入各个领域；新业态和商业模式层面，数据驱动的创新将带来新的发展机遇。通过这些趋势和方向，可以实现数据要素驱动下的更高效的资源利用、环境保护和可持续发展，全面实现绿色低碳发展。

技术趋势方面，未来将探索量子计算技术、数据＋合成生物学、数据＋区块链、数据＋物联网＋边缘计算等前沿技术和多技术复合应用于"数据要素 × 绿色低碳"实践（陈晓红等，2021）。（1）量子计算。未来量子计算将在"数据要素 × 绿色低碳"中发挥重要作用，尤其是海量环境数据分析处理和复杂环境动态模拟等场景。量子计算的强大计算能力可以显著提升海量高维数据处理效率，大幅提升复杂模型的可预测性和预测精度。此外，量子加密技术可用于环境数据隐私安全保障，通过高效并行计算大幅缩短数据处理时间。（2）数据 + 合成生物学。合成生物学在污染物生物修复、高灵敏度生物传感器、生物能源等方面潜力巨大。通过合成生物技术与数据分析技术的结合，可以实现环境污染的精确治理和生物资源的高效利用。例如，利用合成生物传感器完成环境数据的实时采集、分析和监控，实现污染源的精准预测和管理。（3）数据 + 区块链技术。区块链技术在碳信用交易、供应链追溯、智能环保合约、环境数据共享和环保众筹方面具有巨大潜力。通过数据 + 区块链技术，可以支持碳排放权的透明交易和环境保护相关交易的自动化管理。(4) 数据 + 物联网 + 边缘计算。物联网（IoT）技术可以实现环境监测数据的实时采集。边缘计算可以实现环境数据采集同时完成初步分析处理，降低传输延迟，提高响应速度，尤其适用于突发环境事件的应急处理（朱斌等，2024）。数据 + 物联网 + 边缘计算技术可以实现利用物联网传感器实时采集和监测大气、水、污染源等环境数据，结合边缘计算快速响应生态环境事件（李伯虎等，2022）。

场景趋势方面，未来"数据要素 × 绿色低碳"将会关注智慧水利与智慧水务、智能废弃物管理、智能建筑、智慧农业以及智能物流等场景，充分发挥数据要素作用，推动绿色低碳目标实现。（1）智慧水利与智慧水务。智慧水利将通过数据分析和机器学习技术提升水资源的预测和管理能力，实现水质在线监测、智能灌溉、防洪预警和水资源循环利用。高精度水质在线监测系统和基于"大数据 +AI"技术的防洪预警系统将显著提高水资源管理效率和灾害预警能力。智慧水务方面，基于城市水环境数据的实时监测、预警与控制，运用 AI 与大数据分析助力污水处理与水环境建模，提升城市污水处理效率，实现城市水务的智能化治理（唐思捷等，2024；易树平等，2024）。（2）智能废弃物管理。智能废弃物管理将通过智能分类垃圾桶、废弃物处理自动化、资源化利用平台、动态清运调度和废弃物流向追踪，实现废弃物管理的智能化和高效化。智能数据平台将优化废弃物清运路线和资源回收，确保处理过程透明合规。（3）智能建筑。智能建筑将通过能效优化系统、绿色建材、智能控制系统、废水再利用系统和碳足迹监测，实现建筑能耗的实时监测和管理，显著提升智能建筑的能源效率和环境友好性。（4）智慧农业。智慧农业将通过气象数据融合、土壤健康监测、作物生长模型、智能农机和农业碳管理，实现农业生产管理的精细化和智能化，显著提升农业生产效率和能源效率，实现绿色低碳农业大发展（李伯虎等，2020）。（5）智能物流。智能物流将通过绿色物流网络、智能冷链系统、无人驾驶技术、物流仓储自动化和物流数据平台，完成物流的精细化和智能化运营，实现节能减排（刘帅，2024）。基于实时数据的动态路线优化系统和共享物流仓储平台将提升物流资源的利用效率，大幅减少物流碳排放。

新业态和商业模式趋势方面，未来"数据要素 × 绿色低碳"的实践或将催生出以下新业态和新商业模式：智慧绿色金融、智慧循环经济、智慧能源管理平台以及智慧交通。（1）智慧绿色金融。智慧绿色金融将通过动态环境评级、智能环保投资、碳信用融资、环境风险管理和个性化绿色保险产品，实现环境数据的深度分析和环保投资的精准决策。基于数据分析的智能化绿色金融产品将支持企业环境风险控制和绿色转型。（2）智慧循环经济。智慧循环经济将通过资源共享平台、智能回收系统、绿色供应链管理、再制造技术和资源化利用标准，实现废弃物和资源的高效回收和循环利用。（3）智慧能源管理平台。智慧能源管理平台将通过综合能源服务、智能能效监测、能源数据实时采集和分析、能源交易市场和分布式能源管理，显著提升能源资源配置效率，实现节能减排（唐珺等，2023）。（4）智慧交通。智慧交通将通过自动驾驶物流、电动物流车、智能交通管理平台、动态路线优化和共享物流仓储，实现交通运输的精细化、智能化和低碳化管理，大幅降低能源消耗和碳排放（李伯虎等，2020）。

（二）面临挑战

虽然未来"数据要素 × 绿色低碳"的发展前景广阔，但仍面临诸多困难和挑战。以下将从技术和政策两个方面展开，详细阐述"数据要素 × 绿色低碳"面临的主要挑战。

首先，"数据要素 × 绿色低碳"实践中面临着多种技术挑战。具体表现为：（1）环境数据标准化问题。行业内不同企事业单位采集的各类环境数据的数据格式和相关标准并不统一，导致数据整合和共享利用困难重重。不同部门、地区和组织机构的环境数据标准各异，难以实现数据的有效融合与利用。统一环境数据标准和建立共享平台是实现环境数据要素驱动绿色低碳的关键。（2）环境数据隐私和安全。环境数据由于涉及企事业单位的生产过程、相关主体的隐私信息等而具有高度敏感性，在环境数据收集、传输和存储过程中，如何保护数据隐私和安全是一个重大挑战。未来需要建立强有力的环境数据保护措施和法规，确保数据隐私安全和合规使用。（3）实时数据处理。环境监测和治理需要大量实时数据的处理和分析，现有的计算和通信基础设施可能难以满足这种需求。数据传输延迟和计算资源不足可能影响实时决策的准确性和即时性。提升边缘计算能力和优化数据处理算法是解决这一问题的关键。（4）算法偏差和准确性。大数据和 AI 技术依赖于训练数据和算法模型，必然存在算法偏差和误差的问题。如何确保数据分析和预测模型的准确性和公正性是一个重要挑战。（5）资源和能源消耗。数据要素驱动的生成式 AI、LLM 和算力经济背后的资源和能源消耗问题是最大的挑战。生成式 AI 潮流背后是 AI 服务器和芯片带来巨大的资源能源消耗。根据《纽约客》报道，ChatGPT 每天消耗超 50 万度电，相当于 1.7 万个美国家庭用电量，预计 2027 年 AI 行业年耗电量达 85 至 134 太瓦时。ChatGPT 每交流25 至 50 个问题耗水 500 毫升，Meta 在 2022 年用水超 260 万立方米，主要用于数据中心；预计 2027 年 AI 需消耗 66 亿立方米水。GPT-3训练期间碳排放 502 公吨，相当于 8 辆汽油车一生碳排放。未来生成式 AI 的普及虽然带来效率提升，但同时可能引发水资源和能源危机。

在推进数据要素 × 绿色低碳的过程中，政策方面的挑战同样不可忽视。具体表现为：（1）资金投入大。实现数据要素 × 绿色低碳需要大量的资金投入，包括数据采集设备、计算基础设施、前沿技术研发等。高昂的成本可能阻碍技术的推广应用，低效的资金使用又会造成浪费，未来需要研究设计多方资金支持、资金效率评估等多种机制。（2）利益冲突和协调。不同利益相关方（如政府、企业、公众）之间可能存在利益冲突，协调难度大。政策制定和实施过程中需要平衡各方利益，确保政策有效执行。（3）补贴和激励机制。现有的补贴和激励机制可能不足以支持绿色低碳技术的推广。需要设计有效的经济激励措施，鼓励和引导资本、人力和技术向绿色低碳行业领域集中。例如，通过税收减免、补贴政策、绿色金融等方式，降低绿色低碳技术研发和应用成本，有效激活市场潜力。

不难看出，数据要素 × 绿色低碳实践面临诸多技术和经济政策方面的挑战，尤其需要关注生成式 AI 背后的资源能源消耗问题。未来需要政府、企事业单位和科研院所等多方共同参与，通过技术创新、科学实证和多方协作，才能完成数据要素 × 绿色低碳重点任务，实现可持续发展目标。

二、政策建议

（一）加强环境数据标准化与共享平台建设

成立由政府主导、行业专家学者和企事业单位代表组成的环境数据标准制定工作组，共同研究制定环境数据采集、存储和处理的统一标准，确保环境数据的互通性和兼容性。将环境数据标准纳入行业规范，要求所涉及的地方政府、企事业单位和研究机构等遵守，确保环境数据的跨部门、跨行业、跨区域融合和合规高效利用。由政府主导投资建设国家级环境数据共享平台，集中管理和开放共享环境相关公共数据资源，提供公共数据接口，方便相关企业和科研机构有条件获取和利用环境相关公共数据。鼓励地方政府、部分央国企以及头部民企参与环境数据共享平台建设，推动企业环境数据合规、安全的共享利用。

（二）促进环境数据隐私和安全保障

修订和完善环境数据隐私保护相关规章制度，明确环境数据保护的规范标准和相关主体的权责边界，增加对违规行为的处罚力度。研究制定关于环境数据隐私和安全的行业规范以及国家、地方标准，规范指导相关企业和科研机构在环境数据收集、传输和存储过程中确保数据隐私安全。由政府或行业协会主导提供相应的技术支持和培训，帮助企事业单位学习采用先进的数据加密技术，如量子加密，确保环境数据在传输和存储过程中的安全。研究设立专项基金，支持相关高校和科研机构开展环境数据加密和隐私保护技术的研究与开发。

（三）提升实时数据处理能力

政府研究制定相关补贴和激励措施，鼓励引导企事业单位在环境监测环节部署边缘计算节点，提升实时数据处理能力。研究制定相应的税收减免和金融支持政策，促进环境领域物联网设备的研发应用，提升环境数据实时采集和传输效率。支持相关高校和科研机构优化实时环境数据处理算法，提升 AI 模型数据分析的效率和准确性。创建环境数据处理算法的开放评估平台，加强各类算法的性能测试和效果评估，加快高效算法的推广应用。

（四）可持续 AI 政策

政府主导资助研发低功耗、高效率的计算芯片、其他 AI 硬件和冷却技术，降低大规模数据处理、模型训练阶段以及推理阶段的水资源和能源消耗。支持研发能效优化算法，通过优化数据处理和机器学习模型，降低计算过程中的水资源和能源消耗。出台政策鼓励数据中心使用可再生能源，如太阳能、风能和地热能，对使用可再生能源的数据中心给予税收优惠和资金补贴。加强国际合作共享绿色技术，推广高效制冷、智能管理和能源回收等节能技术，提升数据中心的能源利用效率。

（五）财税金融支持政策

政府联合金融机构和社会资本设立专项基金，支持绿色低碳技术的研发和应用。鼓励金融机构扩大绿色信贷和绿色债券，加大对企业绿色低碳项目的融资支持。根据技术成熟度和应用效果，制定阶梯设计的差异化财税金融政策，对技术研发和初期应用阶段给予高额补贴，对成熟技术的推广应用给予持续激励。实施绿色税收政策，对采用绿色低碳技术的企业给予税收减免，对高耗能、高污染企业增加税收，促进绿色低碳技术转型。

通过制定和实施以上政策建议，可以有效应对"数据要素 × 绿色低碳"发展过程中面临的技术和经济政策挑战。政府、企业和科研机构需共同努力，通过技术创新、政策支持和市场引导，助力数据要素推动绿色低碳经济的可持续发展，实现资源利用效率最大化和环境保护目标。

第九章　数据要素 × 医疗健康

本章深入探讨数据要素在医疗健康领域的多方面应用，旨在通过技术进步提升群众就医的便捷性。首先，通过优化数据流通和处理，显著提高群众就医的便利性，简化就医过程。其次，着重介绍如何利用数据要素简化医疗理赔结算流程，从而为患者提供更加便捷的医疗理赔服务。同时，强调推动医保便民服务的重要性，通过数据整合和智能化服务，使得医保服务更加贴心、高效。再次，探讨如何有序释放健康医疗数据的价值，通过合理利用这些数据，促进医疗服务和公共健康的整体提升，进一步加强医疗数据的融合与创新，探索新的服务模式和治疗方法，为医疗健康领域带来革新。最后，特别强调提升中医药发展水平的重要性，通过整合传统与现代的数据资源，为中医药的现代化发展提供强有力的数据支持。

第一节　提升群众就医便捷度

本节系统阐述电子病历数据共享的重要性，并详细探讨在医疗机构间推广检查检验结果数据标准统一的必要性。接着，讨论医疗数据共享互认带来的益处以及分析为实现医疗数据在广泛医疗网络中无缝共享所需的策略和框架。

一、电子病历数据共享

电子病历（Electronic Medical Record，EMR）是一种系统化的电子记录形式，用于存储患者健康信息和治疗历史（牛淑芬等，2020）。它旨在替代传统的纸质记录，通过提供快速的数据访问和信息共享，以增强医疗质量和工作效率。电子病历包含患者的全面医疗数据，从基本识别信息到更复杂的数据，如病史、诊断、治疗方案、检验结果、影像学资料以及治疗过程记录。此外，EMR 系统通常具备决策支持功能，协助医疗专业人员遵循最佳实践，进行药物管理，并跟踪患者的所有医疗活动，确保信息的准确性和及时性。这些记录的电子化不仅提高了信息检索的效率，也支持了高质量的病人护理和卫生保健决策。

电子病历数据共享在现代医疗体系中扮演着至关重要的角色，其好处体现在提升患者护理质量、增强医疗服务效率，以及加强健康管理和决策支持上（张乐君，2021）。共享的数据可以让医生获得患者全面的医疗历史，包括以前的诊断、进行过的治疗以及过敏反应等信息，从而避免重复检查、减少误诊的可能性，并为患者制定更加个性化的治疗计划。此外，数据共享促进了卫生保健提供者之间的协作，能够加快诊疗流程，提高急救效率，并显著降低了医疗成本。

电子病历数据共享旨在建立一个安全、高效且互通的信息环境，使得卫生保健提供者能够在任何需要时访问关键的患者信息。这不仅提高了患者护理连续性，还有助于公共卫生监测和管理，比如在流行病暴发时追踪病情发展。在更宏观的层面，数据共享的目标是通过大数据分析来改进治疗方法，进行卫生政策规划，并推动医疗健康研究的进步。通过确保数据的可移植性和互操作性，电子病历数据共享构建了一个全面、高效的医疗保健生态系统，为实现最优的患者健康结果提供了坚实的基础。

但是电子病历数据共享的过程中面临着一系列挑战，这些挑战需要通过综合的策略和持续的技术创新来克服。首要的挑战是确保隐私保护和数据安全，这不仅涉及敏感医疗信息的加密存储和传输，还包括对数据访问的严格控制以及遵守相关的法律法规，如 HIPAA（健康保险便携性和责任法案）或 GDPR（通用数据保护条例）。同时，要建立起一套有效的数据泄露应对机制和灾难恢复计划，以应对潜在的安全威胁。此外，不同医疗机构间的数据兼容性问题是共享电子病历数据时的另一个重要难题。由于不同医疗机构可能使用不同的 EMR 系统，这些系统在数据结构、格式以及编码标准等方面可能存在差异，导致数据在机构间共享时出现兼容性问题。要解决这一问题，需要制定统一的数据标准，如使用健康信息交换的国际标准（HL7）或快速健康信息资源标准（FHIR），并推动现有系统的升级和改造，以便数据可以无缝交换和融合。在处理这些挑战时，还需考虑到系统的可扩展性、持续性和可持续性，确保数据共享不仅为当下服务，还能适应未来医疗技术的发展和患者需求的变化。这需要医疗信息技术专家、政策制定者、法律专家以及医疗服务提供者之间的密切合作和沟通，共同推动电子病历数据共享的健康发展。

二、推广检查检验结果数据标准统一

医疗检查检验结果数据标准统一是指在医疗健康领域内，建立一套通用的、标准化的数据格式、术语和编码系统，以确保不同医疗机构间的检查检验结果能够被无误地解读和使用（兰蓝，2022）。这种统一性不仅适用于实验室结果，还包括影像学报告、生理监测数据以及其他形式的诊断信息。其核心目的是消除由于数据异构性带来的障碍，促进信息的流通，提升信息的互操作性。

数据标准统一的优势十分显著。首先，它极大地提高了医疗效率，医务人员不再需要花费时间在解读不同格式的数据上，也减少了由于误解而可能造成的医疗错误。其次，这种统一能够加速医疗决策过程，因为标准化的数据可以快速地在需要的地方得到准确的解释和应用。再次，它促进了跨学科团队的协作，不同专业的医疗人员能够依据相同的数据标准高效交流，从而提高了团队对患者的综合照护能力。标准统一还带来了更广泛的数据分析和研究优势。统一的数据能够被更容易地聚合和分析，支持公共卫生监控、疾病流行趋势追踪和医疗质量改进。最后，它也为采用人工智能和机器学习等先进技术提供了可能，这些技术能在巨大的标准化数据集上进行训练，从而发现新的疾病模式或优化治疗路径。总的来说，检查检验结果数据的标准统一是提高医疗服务质量、效率和创新的基石。

在全球范围内，医疗检查检验结果数据标准统一的努力已经取得了积极的成效。国际上，组织如国际卫生标准化组织（ISO）和健康信息和管理系统协会（HIMSS）已经开展了多项倡议，制定了一系列标准和最佳实践，如逻辑观察者标识符名称和代码（LOINC）用于实验室和其他临床观测，以及医学数字成像和通信（DICOM）标准用于医学图像数据的存储和传输。这些标准被广泛应用于不同国家的医疗系统中，以确保数据的一致性和互操作性。在国内，随着电子医疗记录系统的普及，我国也在积极推进医疗数据标准的统一。例如，国家卫生健康委员会已经发布了一系列与医疗健康相关的国家标准，涵盖电子病历、健康档案以及各类医疗信息交换的标准化。这些举措旨在建立全国统一的医疗信息数据平台，促进区域间医疗资源的互联互通。

为了有效实施医疗检查检验结果数据标准统一，需要采取多维度的策略，这些策略涉及技术、管理和政策层面的调整和创新。首先，建立一个强大的技术框架是基础，这包括采用统一的数据格式和编码系统，如 LOINC 等国际公认标准，有效地支持医疗信息的准确交换和解析。其次，需要进行系统的整合和升级，确保各个医疗机构的信息系统能够兼容新的标准。这可能需要在现有系统中实施软件更新或完全更换，同时提供技术支持和培训，以确保从医务人员到 IT 专业人员都能熟练运用新系统。再次，管理层面，应建立跨部门的协作机制，包括卫生部门、医疗机构和标准制定机构的合作。通过这种机制，可以确保标准的持续更新和实施的监督，同时处理实施过程中遇到的任何问题。复次，政策层面，政府部门应制定相应的政策和规范，鼓励并要求医疗机构遵守统一的数据标准。这包括提供政策激励如资金支持、税收减免等，以降低医疗机构升级系统的经济负担，增加实施的积极性。最后，进行广泛的利益相关者咨询也非常关键，包括患者群体、医疗服务提供者和数据专家，确保标准统一能够全面满足各方面的需求，并促进其广泛接受。

三、医疗数据共享互认

医疗数据共享互认的益处是多方面的。首先，数据共享可以显著提高医疗服务质量，因为医生和医疗团队能够获取患者完整的健康历史和当前的治疗信息，这有助于提供更精确的诊断和更个性化的治疗方案。例如，避免了重复的检测和过敏反应等，确保了治疗的连续性和安全性。其次，医疗数据共享加速了医疗响应和治疗决策的过程。在紧急情况下，医生可以即刻访问患者的关键医疗信息，如血型、已知过敏反应、以往的重要医疗事件，从而快速作出生命挽救的决策。这种即时访问减少了处理时间，提高了处理急症的效率。最后，医疗数据共享互认有助于优化资源分配和降低医疗成本。通过共享资源如共享测试结果和医疗影像，可以减少不必要的重复检查，节约成本。同时，集中化的数据分析可以揭示治疗方法和健康管理策略的效率，支持健康政策制定者和医院管理层在资源配置和政策制定时做出更加科学的决策。此外，数据共享还支持更广泛的人口健康管理和疾病预防策略，通过早期识别和干预高风险人群，降低整体医疗和社会成本。

医疗数据共享互认的实施需要一个全面的策略和框架，确保数据的有效流通同时保护患者隐私和数据安全。这一框架包括几个关键组成部分。

制定数据共享协议。这是确保数据共享过程中各方面权益得到保障的基础。数据共享协议应详细规定哪些数据可以被共享、数据共享的具体目的、数据的使用方式以及数据的存储期限。此外，协议应明确各参与方的责任和义务，确保每一方在处理数据时都严格遵守规定的标准和流程。

建立互认机制和技术要求。为了实现不同系统间的无缝数据交互，需要建立一个标准化的技术框架。这包括统一的数据格式、通信协议和接口标准。互认机制应支持各种医疗信息系统之间的数据交换，无论这些系统的技术基础如何差异。此外，技术要求还应包括数据的加密处理和安全验证措施，以确保数据在传输过程中的安全性和完整性。

法律和伦理准则的制定。在医疗数据共享中，法律和伦理准则是保障患者权益的重要工具。准则应包括数据隐私保护的具体措施、对数据的访问权限设置，以及如何处理数据泄露等安全事件。此外，还需要考虑如何在尊重患者隐私的同时促进公共卫生研究和社会福利的提升，平衡个人隐私权与公共利益的关系。

通过这三个方面的系统策略和框架实施，医疗数据共享互认可以在保护个人隐私和数据安全的前提下，有效地提高医疗服务的质量和效率，促进医疗资源的优化配置和医疗研究的进步。这不仅有助于提升单个机构的服务能力，也能在更广泛的范围内改善整个医疗保健系统的功能和效果。

四、便捷医疗理赔结算

"先诊疗后付费"模式是一种创新的医疗服务支付方法，允许患者在接受治疗后才进行付款（刘丰榕，2020）。这种模式通过消除治疗前的直接付费要求，极大地降低了患者在经济上的初步负担，患者即使在资金短缺的情况下，也能及时获得必要的医疗服务。这不仅提升了医疗服务的可及性，还增加了患者就医的便捷性和满意度，从而有助于提高公共健康水平。在这种模式下，基于信用数据的评估显得尤为重要。信用评估可以为医疗机构提供关于患者支付能力和信用历史的重要信息，帮助医疗提供者评估患者未来履约的可能性。这包括检查患者的信用评分、历史账单支付记录以及任何信用报告中的负面信息。通过这些数据，医疗机构可以决定是否批准患者使用"先诊疗后付费"的服务，以及在必要时设定相应的支付条件或保障措施，如分期付款计划或保证金要求。此外，信用数据的有效管理和应用也有助于医疗机构优化其财务风险管理策略，确保在提供高质量医疗服务的同时，保持财务的稳健和可持续。通过信用评估，医疗机构能够减少因患者违约而造成的经济损失，同时确保患者能在需要时获得及时的医疗援助。因此，基于信用数据的评估是"先诊疗后付费"模式成功实施的关键支撑，它不仅保护了医疗机构的经济利益，也扩展了医疗服务的普及和公平性。

信用数据用于评估患者的支付能力和信用风险，在医疗机构实施"先诊疗后付费"模式时，是一个关键因素。这类数据提供了深入的洞见，帮助医疗提供者做出基于信息的决策，确保在提供必要的医疗服务的同时维护机构的财务安全。

信用数据类型主要包括：（1）信用评分。基于个人的信用历史，通过算法模型计算得出的数值，反映一个人的信用风险水平。（2）历史账单支付情况。这包括患者以前在任何服务中的支付记录，如之前的医疗账单、公用事业费或其他信贷账户的支付记录。

在评估患者的信用数据时，医疗机构通常设定一系列标准来确定患者是否适合"先诊疗后付费"模式。这些标准可能包括：（1）信用评分阈值。设定一个最低信用评分，低于此分数的患者可能需要提供额外的保证，如预付款或担保人。（2）支付逾期记录。评估患者过去是否有支付逾期的记录，频繁的逾期可能表明较高的信用风险。（3）债务收入比。分析患者的总债务与其收入的比例，这有助于评估患者的财务负担和支付未来费用的能力。（4）历史医疗费用支付行为。特别关注患者在医疗费用支付上的历史表现，这可以作为评估其未来行为的一个重要指标。

通过综合这些信用数据和评估标准，医疗机构可以更准确地评估患者的信用状况和支付能力，从而在确保服务可持续性的同时，为患者提供必要的医疗服务。这种方法不仅优化了资源分配，还增强了患者的就医体验，促进了医疗服务的整体可达性和公平性。

第二节　推动医保便民服务

本节详细探讨了如何依法依规推动医疗保险服务的便捷化，特别是在医保与商业健康保险之间数据融合应用方面。着重分析了通过整合医保与商业健康保险的数据资源，有效提升保险服务的质量和效率，以及这种融合对保险服务水平的具体提升效果。

一、依法依规探索推进医保与商业健康保险数据融合应用

在医保与商业健康保险数据融合的过程中，首先需确立其合法性，保证数据共享和应用的行为完全遵守国家的相关法律法规。这要求彻底审查和遵循有关个人数据保护、医疗服务和保险法律法规，确保所有数据处理活动均在法律许可的范围内进行。为此，可能需要法律专家团队的咨询，以及持续监控法律法规的更新，以适应新出现的法律问题和技术挑战。同时，必须清晰界定涉及数据融合各方的职责和责任，以保障整个流程的透明度和可追溯性。具体来说，数据提供者负责提供具有准确性、时效性的数据，并保证数据的原始性和完整性；数据使用者负责合理使用数据，不得超出协议规定的用途，并对数据使用结果负责；监管机构则要确保所有参与方遵守数据保护规定，处理违规行为，并对整个数据融合过程进行监督，包括但不限于

定期审计和评估。通过这些措施，可以确保医保和商业健康保险数据融合的每一步都是透明、有序并且符合法律法规要求的，从而促进两者之间的高效和有序融合。

在医保与商业健康保险数据融合的过程中，坚守数据保护法规是维护个人隐私的基石。必须采取加密技术来保护数据在存储和传输过程中的安全，确保未经授权的第三方无法读取或篡改数据。加密方法应该使用当前认可的强加密标准，以抵御高级的网络威胁。除此之外，对敏感数据实施匿名化处理是一个关键步骤，它移除或替换掉能够识别个人身份的信息，如姓名、地址和社会保障号码，从而在不影响数据用途的前提下减少隐私泄露的风险。同时，建立严格的数据访问和控制机制至关重要。这意味着应该有明确的政策和程序来控制谁可以访问数据，访问哪些数据，以及在什么情况下可以访问。此外，应该实现身份验证和权限管理措施，确保只有得到充分授权和经过适当培训的人员才能访问数据。任何对数据的访问都应该被记录和监控，以便在发生不当访问时能够迅速地发现和纠正。

二、医疗数据提升保险服务水平

利用医疗数据提升保险服务水平涵盖了一系列创新方法，其中主要包括个性化保险产品设计（董斌, 2018）、精准风险评估（黎爱军等, 2008）、优化理赔流程以及提升客户服务体验（李娜娜, 2013）。个性化设计使得保险产品能够根据客户的具体健康状况、生活方式和风险偏好量身打造，以满足他们的独特需求。精准风险评估依赖于详尽的健康和医疗历史数据，确保保险公司能够更准确地定价和提供针对性的覆盖范围。优化理赔流程意味着使用自动化工具和高效的数据处理系统，以加快理赔审批速度，减少客户等待时间，并降低处理错误的可能性。

利用丰富的医疗数据进行深入分析，保险公司能够准确地评估客户的健康状况和潜在风险。这种分析考虑了客户的医疗历史、生活方式习惯、家族健康史以及其他相关健康指标，从而揭示了每位客户独特的风险档案。这些宝贵的数据驱动见解使保险公司能够设计出更加个性化的保险产品，这些产品不仅关注客户当前的需求，而且预见并适应其未来的健康发展路径。此外，通过分析这些数据，保险公司能够更精确地定义保险产品的覆盖范围。例如，对于高风险客户群体，保险产品可能会提供更广泛的专科治疗覆盖；而对于低风险客户，产品则可能着重于预防性护理和健康促进服务。同时，定价策略也可以根据个体的风险评分来调整，确保保费的公平性，并促使客户维护健康生活方式，从而实现风险和成本的合理分配。

通过深入分析历史医疗数据，包括病史记录、治疗过程、药物使用以及治疗反应，保险公司能够对个体或群体进行细致的风险评估。这不仅涉及传统的健康指标，还包括社会经济状态、生活习惯和环境因素，所有这些因素共同作用于未来的理赔概率和成本预测。数据分析允许保险公司识别那些可能导致高理赔成本的模式和趋势，从而在保险产品设计初期就考虑到这些因素，以实现更精准的定价和风险管理。此外，对不同类型的医疗服务和治疗结果的数据进行详尽分析，可以帮助保险公司评估各种医疗服务在成本和结果上的变异性。例如，通过对大量的外科手术结果数据进行分析，可以估计出特定手术类型的平均恢复时间和潜在并发症，这有助于保险公司评估其承保该手术的风险承受水平。这种分析还可以揭示哪些治疗措施在长期内最为经济有效，为患者提供最佳的保健结果，同时为保险公司带来成本效益。

通过集成电子健康记录（EHR）系统，保险公司能够迅速访问和验证提交的理赔请求中的医疗信息。EHR系统提供的数据不仅包含患者的诊断和治疗详细信息，还包括检验报告、治疗过程记录、医疗费用明细等关键信息，这些都是理赔审核过程中不可或缺的。由于EHR系统中的数据已经是电子化和标准化的，它能极大减少理赔过程中的手动输入错误和与之相关的时间延迟。此外，保险公司还可以通过自动化工具来收集和处理理赔请求中的相关数据。自动化工具可以执行数据匹配、模式识别和异常检测等任务，从而快速识别出有效的理赔请求并排除欺诈性或不符合政策条款的请求。这些工具利用预先设定的规则和算法，减少了人工干预的需求，提升了理赔处理的效率和准确性。

三、医疗数据促进基本医保与商业健康保险协同发展

医疗数据促进基本医保与商业健康保险协同发展的关键在于构建一个有效的数据共享机制，这一机制不仅需要确保数据的准确性和安全性，还要保证数据在不同保险体系之间的流动性和可用性。此外，为了实现数据共享的最大化效益，必须制定和采纳统一的数据标准，以允许从基本医保到商业健康保险的各个实体无障碍地交换和解读关键医疗信息。进一步地，通过对现有的医疗数据进行深入分析，保险提供者能够开发出互补性的保险产品，这些产品旨在填补基本医保的覆盖空缺，提供更全面的健康保护，同时也优化消费者的保险投资

组合。

医疗数据在推动基本医保与商业健康保险协同发展方面扮演着至关重要的角色。关键任务是建立一个健全的数据共享机制，这不仅要求确保医疗数据的高准确性和严格安全性，以防数据泄露或未授权访问，而且还要保障数据的充分流动性和可用性，以便在不同保险体系之间实现无缝对接。这要求创建先进的技术解决方案，如通过加密保护数据的完整性和保密性，并实施身份验证以及访问控制协议，来限制和监控对敏感数据的访问。

深入分析现有医疗数据使保险提供者能够洞察基本医疗保险方案中的覆盖盲区，并以此为基础设计出互补性保险产品。这些产品针对的是那些不被基本医保覆盖的领域，比如高端医疗服务、国际医疗救援、非传统疗法，以及可能因个人健康历史而产生的特殊医疗需求。通过提供更广泛的覆盖选项，这些互补性产品不仅能提供额外的安全网，还增强了保险投资组合，使得消费者能够根据自己的健康状况和财务能力定制个人化的保险保障方案。此外，这种产品开发策略还鼓励保险提供者与医疗服务机构进行合作，以确保新开发的保险产品能与医疗服务无缝对接，提供一个整合的健康管理解决方案。在消费者端，这种互补性产品的推出可以引导他们更加积极地进行健康管理，因为它们通常伴随着健康促进和疾病预防的附加服务。最终，保险公司的这种数据驱动的产品开发方法不仅增强了其产品的市场竞争力，而且也为保险行业的创新和可持续发展开辟了新路径。消费者得到了更加全面的保障，而保险公司则能够通过提供差异化的服务来吸引和留住客户。

第三节　有序释放健康医疗数据价值

有序释放健康医疗数据价值的过程不仅要求完善健康医疗数据的基础设施，以确保数据采集的质量、存储的安全性及其可访问性，还要求在此基础上加强医疗数据的融合与创新，即采取先进的分析工具和技术，比如人工智能和机器学习，以洞察数据潜在的价值，开发出新的服务模式和治疗方法，同时提高医疗服务效率和个性化水平。此外，通过利用丰富的医疗数据资源，可以进一步挖掘和发展中医药的潜力。

一、完善健康医疗数据基础设施

完善健康医疗数据基础设施是构建现代医疗保健系统的关键一环，这包括建立全面的个人健康数据档案系统，不仅能够收录个体的医疗历史、治疗记录和健康检测结果，还能够整合来自不同医疗场所的数据，如体检中心、门诊、住院部以及疾病控制中心等。此外，为了推动公共健康服务的进步，还需要创新基于数据驱动的服务模式，比如发展先进的职业病监测系统和公共卫生事件预警机制。这些系统能够实时分析健康数据，及早识别疾病暴发和职业健康风险，提供快速反应和干预措施。

完善健康医疗数据基础设施的核心在于构建一个综合、全面的个人健康数据档案系统，该系统应能够不仅收集和存储个人的医疗历史，包括病历信息、治疗记录、药物使用和过敏反应等，还要扩展到记录生活习惯、家族病史以及遗传信息等关键健康指标。这些数据档案需要能够跨医疗机构进行实时更新和共享，确保医疗服务提供者能够访问最新、最完整的健康记录，从而提供高质量的个性化医疗服务。为了实现这一目标，必须采取严格的数据管理和保护措施，确保数据的准确性、安全性和隐私保护。这包括采用先进的数据加密技术、实施严格的访问控制策略以及遵守国家的数据保护法规。此外，个人健康数据档案系统应该设计成用户友好，确保数据的易用性，让患者也能够访问和理解自己的健康信息，以增强其自我管理健康的能力。

为了实现健康医疗数据基础设施的全面整合，必须开发和部署一个高度互通的平台，该平台能够聚合和同步来自各种医疗服务提供点的数据。这涉及从预防性的体检中心的筛查结果、门诊部的就诊记录、住院部的详细治疗信息，到疾病控制中心的公共健康数据，以及可能包括药房的药品发放信息和实验室的检验结果等。该平台需要具备高度的灵活性，以适应不同医疗场所的独特数据系统和存储格式，同时确保数据的完整性和一致性。通过标准化的数据接口和协议，如使用 HL7 或 FHIR 等医疗信息交换标准，数据可以被准确地提取、转换和导入，保持其在不同应用和上下文中的连贯性和可用性。此外，整合后的数据基础设施应当支持复杂的数据分析，使医疗专业人员和政策制定者能够从大量数据中提取有用信息，用于临床决策支持、疾病爆发预警、健康趋势监测和资源分配优化。这样的整合不仅优化了单个患者的治疗路径，也提高了医疗系统作为一个整体的效能，为提供更协调、更高质量的医疗保健服务奠定了基础。

推动公共健康服务的进步要求创新和实施基于数据驱动的服务模式，这涉及开发和应用一系列先进的分析工具和监测系统。例如，构建一个复杂的职业病监测系统，这个系统不仅收集工作环境和员工健康状况的数据，还能够利用模式识别技术来预测潜在的职业健康问题，使得防控措施能够及时到位，以使职业病的发生率和影响最小化。同样，公共卫生事件的预警机制也必须被创新和加强。这要求整合来自多源的数据，如医疗机构的疾病报告、实验室测试结果、药品销售数据甚至是社交媒体上的健康相关讨论。利用实时数据流和高级的分析算法，这样的系统可以更快速地发现异常模式，预测并警报可能的疫情或健康事件，从而允许公共卫生机构迅速部署资源和响应措施，防止疾病扩散并减轻对公众的影响。

二、加强医疗数据融合创新

加强医疗数据融合创新的核心在于将公立医疗机构的丰富数据资源开放和共享给金融、养老及其他相关行业。这种跨行业的数据共享策略不仅可以为金融和养老服务机构提供更为详尽和多元的数据支持，而且通过这些数据，这些机构能够更深入地分析和理解不同客户群体的具体需求和预期，从而设计和提供更加定制化和优化的服务。例如，金融机构可以利用医疗数据来开发针对特定健康条件的金融产品，如健康状况影响的退休储蓄计划，或是为慢性病患者提供的特殊贷款方案。同时，养老服务提供者可以利用这些数据来设计更适应老年人健康状态的居住和护理服务，如基于患者历史疾病和当前健康状况定制的养老计划。此外，通过医疗数据的融合，相关行业能够更有效地进行资源配置和风险管理，如通过对潜在健康问题的早期识别来制定预防措施，从而降低长期的医疗和护理成本。这种数据驱动的服务创新不仅提升了服务的精准性和效果，也增强了客户满意度和忠诚度，进一步促进了这些行业的竞争力和可持续发展。

加强医疗数据融合创新的另外一个关键是利用这些数据来支持商

业保险产品的精准设计。通过综合分析从公立医疗机构等来源收集的详细健康和医疗数据，保险公司能够更准确地评估个体和群体的健康风险。这种深入的数据分析使保险公司能够识别出各种风险因素，如疾病的发生频率、慢性病的治疗成本和患病率等统计信息。利用这些分析结果，保险公司可以设计出更符合特定客户群体需求的保险产品。例如，为慢性病患者设计的健康保险方案不仅包括常规的医疗费用报销，还可能包括专门的疾病管理计划、定期的健康检查和预防性医疗服务，以帮助患者更好地管理自己的病情，减少急性发作和医院再入院的可能性。对于老年人，则可以提供包含疗养休养服务的保险产品，这些产品可能会包括家庭护理服务、康复治疗和特别设计的健康咨询服务，以满足他们特定的健康需求。

医疗数据的融合创新在推动智慧医疗和智能健康管理领域的发展中发挥着核心作用。这些领域的新模式和新业态依靠先进的数据处理技术，包括人工智能、大数据分析、机器学习等，为医疗服务提供了强大的支撑。这些技术能够处理和分析庞大的健康数据，从患者的生命体征到长期的健康记录，以及从各类医疗设备和传感器收集的实时数据。通过这些技术的应用，医疗服务提供者能够设计出高度个性化的健康管理方案。例如，利用数据分析来预测患者的健康风险，提前介入以防止慢性病的恶化，或是定制个人化的健康提升计划，包括饮食、运动和药物治疗的建议。此外，智能化的医疗监控系统可以实时跟踪患者的健康状态，通过移动设备或家中的智能设备自动报告关键健康指标，如心率、血压或血糖水平，以及在异常情况下提供紧急响应。这种基于数据的智能化医疗服务不仅极大提高了医疗服务的效率和质量，还大幅改善了消费者的健康管理体验。患者可以更加方便地获得医疗信息和服务，享受到更为便捷、定制化和预防性的医疗服务。同时，智慧医疗和智能健康管理也为医疗保健系统带来了运营效率的提升和成本的降低，同时增强了医疗系统对公共健康事件的响应能力。这些创新最终将推动整个医疗行业向更高水平的技术化和个性化服务发展。

三、提升中医药发展水平

首先，提升中医药发展水平的首要关键任务是在中医药的预防、治疗及康复等全流程健康服务中实现多源数据的深度融合。这个过程涉及将来自临床观察的详细记录、实验研究产生的科学数据以及患者的主观反馈整合到一起，同时将这些现代数据与传统中医药的理论和经验知识相结合。例如，可以将古代文献中的治疗方案与现代临床实验结果相对照，分析其相互验证的效果和差异。此外，这种数据融合还需包括利用现代信息技术，如电子健康记录、数据挖掘和人工智能分析工具，来处理和解析大规模的医疗数据集。这不仅有助于揭示中医药中药材组合的复杂相互作用和药效机制，还能提供关于病理进展的深入见解，从而使中医药的治疗方案更加精确和个性化。通过实施这种全面的多源数据融合策略，可以显著增强中医药治疗方法的科学依据，提升其临床应用的有效性和安全性。这种方法不仅增强了中医药的现代化和国际化进程，也为全球患者提供了更多有效的健康解决方案，同时为中医药的持续发展和创新提供了坚实的数据支持。

其次，对中医药的疗效、药物相互作用、适应症和安全性进行系统性分析至关重要。这一过程涉及使用高级统计方法和数据分析技术，如回归分析、机器学习和网络药理学，来处理和解析来自广泛临床试验和实验室研究的大量数据。通过这种分析，可以识别中药成分之间的相互作用，评估不同疾病状态下的疗效，以及预测潜在的副作用或不良反应。例如，通过数据挖掘技术可以揭示特定中药配伍在特定人群中的效果如何，哪些配伍可能引起不良反应，哪些疗效特别显著。此外，这些分析还可以帮助医生和研究人员了解某些中药成分在体内的代谢路径，从而更精确地指导临床用药，避免可能的药物相互作用，确保治疗安全性。这种系统性分析不仅优化了中医药的处方和应用，使其更加个性化和精准，还极大提升了中医药的科学性和实用性。此外，通过这些研究成果的公开发布和共享，可以进一步增强公众和医疗专业人员对中医药的信任，促进其在全球范围内的接受和应用，确保患者在使用中医药时能获得最佳的健康效益和安全保障。

最后，这些集成和创新的努力将共同推动中医药的高质量发展。通过融合传统知识与现代科技，中医药不仅能够拓展其在传统领域的应用，还能在国内外医疗保健系统中扮演更加重要的角色。例如，结合现代分子生物学、药理学和数据科学技术，可以对中药的活性成分、作用机制及其对人体健康的综合影响有更深入的理解，从而提高其治疗的科学性和有效性。同时，加强中医药的研究与开发是确保其创新持续动力的关键。投资于基础和临床研究，不断探索和验证中医药的新用途和新机制，将进一步证明其价值和提升其治疗效果。此外，通过政策支持，比如政府资助的研究项目、优惠的税收政策和专业教育培训，可以为中医药的发展创造有利环境。国际合作也是提升中医药全球认可度和市场竞争力的重要途径。与国际医疗组织、海外大学和研究机构的合作可以促进知识和技术的交流，帮助中医药理念和产品达到更广泛的国际市场。通过参与国际健康项目和论坛，中医药可以更有效地融入全球医疗体系，提升其在国际上的地位和影响力。

附　录

表 1　2014—2023 年我国数据交易场所一览表

年份	交易场所
2014 年	中关村数海大数据交易平台、北京大数据交易服务平台、香港大数据交易所
2015 年	重庆大数据交易平台、哈尔滨数据交易中心、贵阳大数据交易所、武汉东湖大数据交易中心、武汉长江大数据交易中心、西咸新区大数据交易所、华中大数据交易所、华东江苏大数据交易中心、交通大数据交易平台、河北大数据交易中心、杭州钱塘大数据交易中心
2016 年	丝路辉煌大数据交易中心、上海数据交易中心、浙江大数据交易中心、广州数据交易服务平台、南方大数据交易中心、亚欧大数据交易中心
2017 年	河南中原大数据交易中心、青岛大数据交易中心、潍坊市大数据交易中心、山东省先行大数据交易中心、山东省新动能大数据交易中心、河南平原大数据交易中心
2018 年	东北亚大数据交易服务中心
2019 年	山东数据交易平台
2020 年	山西数据交易服务平台、北部湾大数据交易中心、中关村医药健康大数据交易平台、安徽大数据交易中心
2021 年	北京国际大数据交易所、贵州省数据流通交易服务中心、北方大数据交易中心、长三角数据要素流通服务平台、华南国际数据交易公司、上海数据交易所、西部数据交易中心、深圳数据交易所、合肥数据要素流通平台、德阳数据交易中心、海南数据产品超市
2022 年	无锡大数据交易平台、福建大数据交易所、湖南大数据交易所、海洋数据交易平台、郑州数据交易中心、广州数据交易所、苏州大数据交易所
2023 年	杭州数据交易所、淮海数据交易中心

资料来源：作者经公开资料整理。

表 2　国外公共数据开放情况

	美国	英国	欧盟	加拿大	法国	韩国
开放年份	2006 年	2009 年	2003 年	2011 年	2013 年	2013 年
开放门户	www.data.gov	www.data.gov.uk	https://open-data.europa/	www.data.gc.ca	www.data.gouv.fr	www.data.go.kr
上线时间	2009 年 5 月	2010 年 1 月	2013 年 12 月	2011 年	2011 年 12 月	2013 年
开放政策	2006 年《联邦资金责任透明法案》2009 年《开放政府指令》《透明和开放政府备忘录》2013 年《政府信息公开和机器可读行政命令》《开放政府合作伙伴——美国第二次开放政府国家行动方案》2014 年《G8 开放数据宪章——美国行动计划》2018 年、2019 年《开放政府数据法案》2024 年《关于防止受关注国家获取美国人大量敏感个人数据和美国政府相关数据的行政命令》	2009 年《放在前线第一位：聪明政府》2010 年《对公共部门信息的开放政府许可》2011 年《简化英国公共部门信息的再利用：英国政务许可框架与政务公开许可》2012 年《开放政府白皮书》《自由保护法案》2013 年《公共部门透明委员会：公共数据原则》《G8 开放数据宪章——国家行动计划》《2013 年至2015 年英国开放政府伙伴关系行动计划》2014 年《2014—2015 年卫生部数字更新战略手册》2016 年《2016—2018 年英国开放政府国家行动计划》	2003 年、2013 年、2019 年《欧洲议会和理事会关于公共部门信息再利用的第 2003/98/EC 号指令》2010 年《开放数据战略》《公共数据数字公开化决议》《开放数据：创新、增长和透明治理的引擎》2022 年《数据治理法案》	2011 年《开放政府动议》2012 年、2014 年《公开放政府发展行动计划》2014 年《G8 开放数据宪章——加拿大行动计划》2016 年《开放政府合作伙伴的第三次两年计划（2016—2018）》2017 年《开放数据 101》	2013 年《G8 开放数据宪章——法国行动计划》2015 年《2015—2017 年国家行动计划》2016 年《数字共和国法案》2018 年《开放数据政策——将信息作为资产进行管理》	2013 年《公共数据供给与利用促进法》《公共数据供给和利用促进的基本计划（2013—2017）》2014 年《公共数据供给和利用促进的执行计划》
开放许可	公共领域贡献、Creative Commons 许可	开放政府许可协议	欧盟开放数据许可协议	开放政府许可协议	Etalab 开放政府许可协议	韩国开放政府授权条款

资料来源：根据系列文献整理（卫军朝、蔚海燕，2017；代佳欣，2021 等）。

表3　我国公共数据开放政策体系进展

政策级别	国家公共数据开放政策体系	地方政府公共数据开放政策
政策名称	2007 年 3 月，国务院《政府信息公开条例》 2015 年 4 月，国务院《2015 年政府信息公开工作要点》 2015 年 8 月，国务院《促进大数据发展行动纲要》 2018 年 1 月，网信办、发改委、工信部《公共信息资源开放试点工作方案》 2020 年 3 月，中共中央、国务院《关于构建更加完善的要素市场化配置体制机制的意见》 2021 年 3 月，全国人大"十四五"规划 2021 年 12 月，国务院《关于要素市场化配置综合改革试点总体方案》 2022 年 6 月，国务院《关于加强数字政府建设的指导意见》 2022 年 12 月，中共中央、国务院《关于构建数据基础制度更好发挥数据要素作用的意见》即"数据二十条"	地方条例（20 个）：其中出台综合性数据条例的有上海、深圳、重庆、四川、厦门、广州等 6 个省市；贵州省出台政府数据共享开放专门条例；浙江、北京、深圳、广东等 4 个省市出台数字经济专门条例；天津、福建、海南、安徽、广西、陕西、辽宁、吉林、黑龙江等 9 个省市出台大数据条例 地方综合性管理办法（21 条）：《上海市公共数据和一网通办管理办法》《北京市公共数据管理办法》《浙江省公共数据和电子政务管理办法》等 地方公共数据开放办法（13 条）：《上海市公共数据开放暂行办法》《上海市公共数据开放实施细则》《天津市公共数据资源开放管理暂行办法》等

资料来源：根据张茜茜、涂群（2024）① 整理。

---

① 张茜茜、涂群：《国家数据要素化总体框架——环节三：公共数据开发开放》，交大评论，2024 年 3 月 17 日，https://mp.weixin.qq.com/s/I6XiRLu2CteJOL6oYEK-LA。

表 4　公共数据授权运营的概念定义（截至 2024 年 4 月）①

时间	政策文件	概念定义
2021 年 3 月	《中华人民共和国国民经济和社会发展第十四个五年规划和 2035 年远景目标纲要》②	政府数据授权运营是指授权特定的市场主体，在保障国家秘密、国家安全、社会公共利益、商业秘密、个人隐私和数据安全的前提下，开发利用政府部门掌握的与民生紧密相关、社会需求迫切、商业增值潜力显著的数据
2022 年 12 月	《四川省数据条例》③	县级以上地方各级人民政府可以在保障国家秘密、国家安全、社会公共利益、商业秘密、个人隐私和数据安全的前提下，授权符合规定安全条件的法人或者非法人组织开发利用政务部门掌握的公共数据，并与授权运营单位签订授权运营协议
2023 年 5 月	《青岛市公共数据运营试点管理暂行办法》④	公共数据运营试点，是指经青岛市政府同意，具体承担本市公共数据运营试点工作的企事业单位（以下简称运营单位），在构建安全可控开发环境基础上，挖掘社会应用场景需求，围绕需求依法合规进行公共数据汇聚、治理、加工处理，提供公共数据产品或服务的相关行为
2023 年 7 月	《长沙市政务数据运营暂行管理办法（征求意见稿）》⑤	长沙市数据资源管理局在长沙市人民政府的授权下，将各级政务部门、公共服务企事业单位在依法履行职责、提供服务过程中采集、产生和获取的各类数据资源，按照法定程序授权相关主体基于特定的场景需求加工、处理并面向数据使用方提供服务、获取收益的过程

① 这里只列举国家、省级、直辖市、省会城市、计划单列市等相关政策文件中明确的公共数据授权运营定义，未明确定义的政策文件或其他城市政策文件未列入。

② 《中华人民共和国国民经济和社会发展第十四个五年规划和 2035 年远景目标纲要》，2021 年 3 月 13 日，https://www.gov.cn/xinwen/2021-03/13/content_5592681.htm。

③ 《四川省数据条例》，2022 年 12 月 7 日，https://www.sc.gov.cn/10462/10778/10876/2022/12/7/ef18ce54605f4223950da663815255f4.shtml。

④ 《青岛市公共数据运营试点管理暂行办法》，2023 年 5 月 12 日，http://www.qingdao.gov.cn/zwgk/xxgk/dsjj/gkml/gwfg/202305/t20230517_7191162.shtml。

⑤ 《长沙市政务数据运营暂行管理办法（征求意见稿）》，2023 年 7 月 13 日，https://mp.weixin.qq.com/s/L-ePRTSragyzo3GbUHOWVg。

续表

时间	政策文件	概念定义
2023 年 8 月	《浙江省公共数据授权运营管理办法（试行）》①	县级以上政府按程序依法授权法人或者非法人组织，对授权的公共数据进行加工处理，开发形成数据产品和服务，并向社会提供的行为
2023 年 8 月	《长春市公共数据授权运营管理办法》②	市政府指定本级公共数据主管部门依法授权法人或者非法人组织，对授权的公共数据进行加工处理，开发形成公共数据产品并向社会提供服务的行为
2023 年 10 月	《济南市公共数据授权运营办法》③	经县级以上人民政府同意，公共数据主管部门或各级政务部门、公共服务企事业单位按程序法人或者非法人组织签订公共数据授权运营协议，依法授权其对数据提供单位提供的公共数据进行加工处理，开发形成公共数据产品并向社会提供服务的行为
2023 年 12 月	《北京市公共数据专区授权运营管理办法（试行）》④	公共数据专区采取政府授权公共数据运营管理模式，遴选具有技术能力和资源优势的企事业单位或科研机构开展公共数据专区建设和运营
2023 年 12 月	安徽省公共数据授权运营管理办法（试行）（征求意见稿）⑤	授权符合条件的企事业单位，在保障国家秘密、国家安全、社会公共利益、商业秘密、个人隐私和数据安全的前提下，依据法律法规、政策规定和本办法，对授权的公共数据进行加工处理，开发形成公共数据产品和服务，并向社会提供服务的活动

---

① 《浙江省公共数据授权运营管理办法（试行）》，2023 年 8 月 1 日，https://www.zj.gov.cn/art/2023/8/22/art_1229017139_2487072.html。

② 《长春市公共数据授权运营管理办法》，2023 年 8 月 28 日，http://zwgk.changchun.gov.cn/szf_3410/bgtxxgkml/202309/t20230905_3224186.html。

③ 《济南市公共数据授权运营办法》，2023 年 10 月 26 日，https://www.moj.gov.cn/pub/sfbgw/flfggz/flfggzdfzwgz/202312/t20231219_491919.html。

④ 《北京市公共数据专区授权运营管理办法（试行）》，2023 年 12 月 5 日，https://www.beijing.gov.cn/zhengce/zhengcefagui/202312/t20231211_3496032.html。

⑤ 《安徽省公共数据授权运营管理办法（试行）（征求意见稿）》，2023 年 12 月 7 日，https://sjzyj.ah.gov.cn/xwdt/gsgg/40683591.html。

时间	政策文件	概念定义
2024 年 4 月	《南京市公共数据授权运营管理暂行办法》①	依法依规获得授权的法人或者非法人组织，对授权的公共数据进行运营管理，提供公共数据产品或者服务的行为

---

① 《南京市公共数据授权运营管理暂行办法》，2024 年 4 月 23 日，https://www.nanjing.gov.cn/xxgkn/zfgb/202405/t20240527_4675835.html。

参考文献

一、中文文献

[1]《"数据要素 ×"三年行动计划（2024—2026 年）》，https://www.cac.gov.cn/2024-01/05/c_1706119078060945.htm。

[2]《北京市公共数据管理办法》，https://www.digitalelite.cn/h-nd-7166.html。

[3]《美国应用 XBRL 的最新进展——XBRL 正式成为美国政府支出信息披露标准》，https://kjs.mof.gov.cn/guojidongtai/201506/t20150604_1252437.htm。

[4]《数据安全技术数据分类分级规则》GB/T 43697-2024，中国标准出版社 2024 年版。

[5] 蔡继明、江永基：《专业化分工与广义价值论——基于消费—生产者两阶段决策方法的新框架》，《经济研究》2013 年第 7 期。

[6] 蔡继明、刘媛、高宏：《数据要素参与价值创造的途径：基于广义价值论的一般均衡分析》，《管理世界》2022 年第 7 期。

[7] 蔡跃洲、马文君：《数据要素对高质量发展影响与数据流动制约》，《数量经济技术经济研究》2021 年第 3 期。

[8] 陈美、江易华：《韩国开放政府数据分析及其借鉴》，《现代情报》2017 年第 11 期。

[9] 陈楠、蔡跃洲：《人工智能、承接能力与中国经济增长——新"索洛悖论"和基于 AI 专利的实证分析》，《经济学动态》2022 年第 11 期。

[10] 陈晓红、胡东滨、曹文治等：《数字技术助推我国能源行业碳中和目标实现的路径探析》，《中国科学院院刊》2021 年第 9 期。

[11] 陈岩、徐玢：《智能服务、生产要素替代机制与绿色转型——基于中国制造业上市公司的实证研究》，《暨南学报（哲学社会科学版）》2023 年第 4 期。

206

[12] 陈彦斌、林晨、陈小亮：《人工智能、老龄化与经济增长》，《经济研究》2019 年第 7 期。

[13] 代佳欣：《英美新三国政府开放数据用户参与的经验与启示》，《图书情报工作》2021 年第 6 期。

[14] 戴翔、杨双至：《数字赋能、数字投入来源与制造业绿色化转型》，《中国工业经济》2022 年第 9 期。

[15] 单豪杰：《中国资本存量 K 的再估算：1952 ～ 2006 年》，《数量经济技术经济研究》2008 年第 10 期。

[16] 邓辛、彭嘉欣：《基于移动支付的数字金融服务能为非正规就业者带来红利吗？——来自码商的微观证据》，《管理世界》2023 年第 39 期。

[17] 董斌：《百万医疗保险产品设计研究》，深圳大学硕士学位论文，2018年。

[18] 范佳佳：《中国政府数据开放许可协议（CLOD）研究》，《中国行政管理》2019 年第 1 期。

[19] 高丰：《厘清公共数据授权运营：定位与内涵》，《大数据》2023 年第 2 期。

[20] 高富平：《数据流通理论 数据资源权利配置的基础》，《中外法学》2019 年第 6 期。

[21] 高强、游宏梁、徐萍等：《国防基础科学数据建设与应用研究》，《情报理论与实践》2022 年第 12 期。

[22] 鞠雪楠、杜万里、徐彬：《公共数据流通的理论前沿与实践趋向——基于数据要素特征与属性的探讨》，《中国社会科学评价》2024 年第 1 期。

[23] 龚强、班铭媛、刘冲：《数据交易之悖论与突破：不完全契约视角》，《经济研究》2022 年第 7 期。

[24] 韩晶、陈曦、冯晓虎：《数字经济赋能绿色发展的现实挑战与路径选择》，《改革》2022 年第 9 期。

[25] 韩晶、姜如玥：《数字经济赋能低碳发展：理论逻辑与实践路径》，《统计研究》2024 年第 4 期。

[26] 何盛明：《财经大辞典》，中国财政经济出版社 1990 年版。

[27] 何宗樾、张勋、万广华：《数字金融、数字鸿沟与多维贫困》，《统计研究》2020 年第 10 期。

[28] 胡业飞、田时雨：《政府数据开放的有偿模式辨析：合法性根基与执行路径选择》，《中国行政管理》2019 年第 1 期。

[29] 黄璜：《美国联邦政府数据治理：政策与结构》，《中国行政管理》2017 年第 8 期。

[30] 黄丽华、窦一凡、郭梦珂等：《数据流通市场中数据产品的特性及其交易模式》，《大数据》2022 年第 3 期。

[31] 黄亮雄、林子月、王贤彬：《工业机器人应用与全球价值链重构——基于出口产品议价能力的视角》，《中国工业经济》2023 年第 2 期。

[32] 黄倩倩、任明：《国内外数据要素市场中价格机制研究述评与展望》，《价格理论与实践》2023 年第 3 期。

[33] 黄燕芬：《论准公共产品合理价格的形成与实现》，《中国物价》2003 年第 9 期。

[34] 黄耀辉、焦悦、吴小智等：《生物育种对种业科技创新的影响》，《南京农业大学学报》2020 年第 3 期。

[35] 姜婷凤、汤珂、刘涛雄：《基于在线大数据的中国商品价格粘性研究》，《经济研究》2020 年第 6 期。

[36] 金杜研究院：《如何理解和应对美国限制访问敏感个人数据行政命令》，https://www.secrss.com/articles/64086。

[37] 金戈：《中国基础设施与非基础设施资本存量及其产出弹性估算》，《经济研究》2016 年第 5 期。

[38] 靳晓宏、谭晓、李辉：《数据要素乘数效应赋能实体经济发展：作用机理及路径选择》，《情报理论与实践》2024 年第 6 期。

[39] 兰蓝、李瑞、白波、殷晋：《医疗机构数据共享关键问题研究与数据治理对策》，《中国卫生信息管理杂志》2022 年第 2 期。

[40] 黎爱军、樊震林、许苹、连斌：《医疗风险评估模型构建研究》，《解放军医院管理杂志》2008 年第 4 期。

[41] 李柏桐、李健、唐燕等：《数字经济对工业碳排放绩效的影响：基于异质型环境规制的门槛效应》，《中国环境科学》，https://doi.org/10.19674/j.cnki.issn1000-6923.20240424.006。

[42] 李伯虎、柴旭东、刘阳等：《智慧物联网系统发展战略研究》，《中国工

程科学》2022 年第 4 期。

[43] 李伯虎、陈左宁、柴旭东等：《"智能 +"时代新"互联网 +"行动总体发展战略研究》，《中国工程科学》2020 年第 4 期。

[44] 李娜娜：《数据挖掘在医疗保险理赔分析中的应用》，大连理工大学硕士学位论文，2013 年。

[45] 李三希、王泰茗、刘小鲁：《数据投资、数据共享与数据产权分配》，《经济研究》2023 年第 58 期。

[46] 李燕、张淑林、陈伟：《英国政府数据开放的实践、经验与启示》，《情报科学》2016 年第 8 期。

[47] 廖理、崔向博、孙琼：《另类数据的信息含量研究——来自电商销售的证据》，《管理世界》2021 年第 9 期。

[48] 林敏：《农业生物育种技术的发展历程及产业化对策》，《生物技术进展》2021 年第 4 期。

[49] 刘聪、李鑫、殷兵等：《大模型技术与产业——现状、实践及思考》《人工智能》2023 年第 4 期。

[50] 刘丰榕：《医疗保险预付制的政策效果》，中央财经大学博士学位论文，2020 年。

[51] 刘培：《数据要素影响绿色生态效率的机制与效应研究》，《经济经纬》2023 年第 6 期。

[52] 刘锐、刘文清、谢涛等：《"互联网 +"智慧环保技术发展研究》，《中国工程科学》2020 年第 4 期。

[53] 刘帅：《数字物流促进物流业碳排放效率提升的机制与效应》，《中国流通经济》2024 年第 6 期。

[54] 刘涛雄、李若菲、戎珂：《基于生成场景的数据确权理论与分级授权》，《管理世界》2023 年第 2 期。

[55] 刘涛雄、戎珂、张亚迪：《数据资本估算及对中国经济增长的贡献——基于数据价值链的视角》，《中国社会科学》2023 年第 10 期。

[56] 刘涛雄、汤珂、姜婷凤、仉力：《一种基于在线大数据的高频 CPI 指数的设计及应用》，《数量经济技术经济研究》2019 年第 9 期。

[57] 刘文发、陆学峰：《数字经济对碳排放效率影响的空间效应与作用机

制——基于"宽带中国"试点政策的准自然实验》,《统计与决策》2024年第11期。

[58] 刘禹君:《数据要素市场赋能城市绿色创新发展——来自中国城市的经验证据》,《贵州社会科学》2023年第1期。

[59] 刘语、曾燕:《论有偿使用制度推动公共数据开放发展》,《西安交通大学学报(社会科学版)》2023年第4期。

[60] 卢延纯、赵公正、孙静等:《公共数据价格形成的理论和方法探索》,《价格理论与实践》2023年第9期。

[61] 吕铁、李冉:《制造企业数字化转型:数据要素赋能传统要素的视角》,《学习与探索》2022年第9期。

[62] 马红梅:《实用药物研发仪器分析》,2024年4月17日,https://img.chinamaxx.net/n/abroad/hwbook/chinamaxx/13646274/bd6f103b8f1646f48ebb9fee3b4546e5/7544c68f5c91262cd600d8302e729565.shtml?tp=jpabroad&fenlei=&t=1&username=MUST+library。

[63] 马彦博、段小群:《AI技术在药物研发中的应用》,《广东化工》2024年第4期。

[64] 聂耀昱、尹西明、王远见等:《场景驱动碳汇数字平台的理论机制与建设路径研究》,《环境保护》2023年第24期。

[65] 牛淑芬、刘文科、陈俐霞、王彩芬、杜小妮:《基于联盟链的可搜索加密电子病历数据共享方案》,《通信学报》2020年第8期。

[66] 农业部科技教育司:《中国农业科学技术70年》,中国农业出版社2019年版。

[67] 欧阳日辉、龚伟:《基于价值和市场评价贡献的数据要素定价机制》,《改革》2022年第3期。

[68] 欧阳日辉、刘昱宏:《数据要素倍增效应的理论机制、制约因素与政策建议》,《财经问题研究》2024年第3期。

[69] 戚聿东、刘欢欢:《数字经济下数据的生产要素属性及其市场化配置机制研究》,《经济纵横》2020年第11期。

[70] 清华大学金融科技研究院:《数据要素化100问:可控可计量与流通交易》,人民日报出版社2023年版。

[71] 任天知、沈浩:《从Sora到"世界模拟":视频大模型的技术原理、应

用场景与未来进路》，《新闻爱好者》2024 年第 6 期。

[72]《上海市公共数据开放暂行办法》，https://www.shanghai.gov.cn/hqcyfz2/20230626/934a0b3b3c634e908f5e96c582bf87f7.html。

[73] 宋德勇、李超、李项佑：《新型基础设施建设是否促进了绿色技术创新的"量质齐升"——来自国家智慧城市试点的证据》，《中国人口·资源与环境》2021 年第 11 期。

[74] 孙新波、钱雨、张明超等：《大数据驱动企业供应链敏捷性的实现机理研究》，《管理世界》2019 年第 9 期。

[75] 唐珺、高煜、李朋林：《智慧城市能否通过智慧能源建设推动"双碳"目标实现？——基于合成控制法的试验证据》，《软科学》2023 年第 7 期。

[76] 唐思捷、姜继平、邱勇等：《人工智能赋能城市水环境管理的技术路径探讨》，《中国给水排水》，http://kns.cnki.net/kcms/detail/12.1073.TU.20230313.1231.002.html。

[77] 田海东、张明政、常锐等：《大模型训练技术综述》，《中兴通讯技术》2024 年第 2 期。

[78] 汪洪、项晓东、张澜庭：《数据＋人工智能是材料基因工程的核心》，《科技导报》2018 年第 14 期。

[79] 王诚、刘阳阳：《论政府数据开放的收费定价及其法律规制》，《天津行政学院学报》2020 年第 2 期。

[80] 王贵海、朱学芳：《国外典型数据开放模式分析及其在我国的实践与启示》，《情报理论与实践》2023 年第 12 期。

[81] 王锦霄、陈刚、汤珂：《授权运营制度下公共数据产品与服务的两级定价模型》，《管理评论》（已录用），2024 年。

[82] 王韶华、成梦瑞、张伟等：《数字经济对我国碳中和能力的影响研究》，《华东经济管理》，https://doi.org/10.19629/j.cnki.34-1014/f.231202002。

[83] 王胜利、樊悦：《论数据生产要素对经济增长的贡献》，《上海经济研究》2020 年第 7 期。

[84] 王世强、陈逸豪、叶光亮：《数字经济中企业歧视性定价与质量竞争》，《经济研究》2020 年第 12 期。

[85] 王文、牛泽东、孙早：《工业机器人冲击下的服务业：结构升级还是低

端锁定》,《统计研究》2020 年第 7 期。

[86] 王永钦、董雯:《机器人的兴起如何影响中国劳动力市场? ——来自制造业上市公司的证据》,《经济研究》2020 年第 10 期。

[87] 卫军朝、蔚海燕:《国外政府数据开放现状、特点及对我国的启示》,《图书馆杂志》2017 年第 8 期。

[88] 吴江、陶成煦:《激活数据要素 赋能千行万业——〈"数据要素 ×"三年行动计划(2024—2026 年)〉政策解读》,《情报理论与实践》2024 年第 3 期。

[89] 夏杰长:《数据要素赋能我国实体经济高质量发展:理论机制和路径选择》,《江西社会科学》2023 年第 7 期。

[90] 夏润泽、李丕绩:《ChatGPT 大模型技术发展与应用》,《数据采集与处理》2023 年第 5 期。

[91] 夏义堃:《国际比较视野下我国开放政府数据的现状、问题与对策》,《图书情报工作》2016 年第 7 期。

[92] 夏义堃:《西方国家公共信息资源定价问题研究综述》,《图书情报工作》2014 年第 11 期。

[93] 肖敏、郭秋萍、莫祖英:《政府数据开放发展历程及平台建设的差异分析——基于四个国家的调查》,《图书馆理论与实践》2019 年第 3 期。

[94] 筱雪、胡琳悦、王晓迪:《法国政府开放数据发展现状及启示研究》,《现代情报》2017 年第 7 期。

[95] 谢丹夏、魏文石、李尧等:《数据要素配置、信贷市场竞争与福利分析》,《中国工业经济》2022 年第 8 期。

[96] 谢康、夏正豪、肖静华:《大数据成为现实生产要素的企业实现机制:产品创新视角》,《中国工业经济》2020 年第 5 期。

[97] 熊巧琴、汤珂:《数据要素的界权,交易和定价研究进展》,《经济学动态》2021 年第 2 期。

[98] 徐凌验:《生物育种产业发展态势、挑战与对策建议》,《中国经贸导刊》2024 年第 2 期。

[99] 徐翔、赵墨非:《数据资本与经济增长路径》,《经济研究》2020 年第 10 期。

[100] 徐翔、赵墨非、李涛等:《数据要素与企业创新:基于研发竞争的视

角》，《经济研究》2023 年第 2 期。

[101] 许晖、王泽鹏、刘田田等：《数据驱动下高污染制造企业的绿色转型机制研究——基于新天钢的探索性案例分析》，《管理学报》2023 年第 12 期。

[102] 许宪春、张钟文、胡亚茹：《数据资产统计与核算问题研究》，《管理世界》2022 年第 2 期。

[103] 闫雪凌、朱博楷、马超：《工业机器人使用与制造业就业：来自中国的证据》，《统计研究》2020 年第 1 期。

[104] 杨刚强、王海森、范恒山等：《数字经济的碳减排效应：理论分析与经验证据》，《中国工业经济》2023 年第 5 期。

[105] 杨光、侯钰：《工业机器人的使用、技术升级与经济增长》，《中国工业经济》2020 年第 10 期。

[106] 杨俊、李小明、黄守军：《大数据、技术进步与经济增长——大数据作为生产要素的一个内生增长理论》，《经济研究》2022 年第 4 期。

[107] 杨丽、苏航、柴锋等：《材料数据库和数据挖掘技术的应用现状》，《中国材料进展》2019 年第 7 期。

[108] 杨铭鑫、王建冬、窦悦：《数字经济背景下数据要素参与收入分配的制度进路研究》《电子政务》2022 年第 2 期。

[109] 杨竺松、黄京磊、鲜逸峰：《数据价值链中的不完全契约与数据确权》，《社会科学研究》2023 年第 1 期。

[110] 易树平、方铖、刘君全等：《地下水环境智慧监管技术集成与平台应用研究》，《中国环境监测》2024 年第 1 期。

[111] 尹西明、钱雅婷、王伟光：《场景驱动构建数据要素生态飞轮：从深圳数据交易所实践看 CDM 新机制》，《清华管理评论》2023 年第 5 期。

[112] 余泽浩、张雷明、张梦娜等：《基于人工智能的药物研发：目前的进展和未来的挑战》，《中国药科大学学报》2023 年第 3 期。

[113] 俞明轩、王逸玮：《供给侧结构性改革下的资产评估创新与发展》，《中国资产评估》2016 年第 9 期。

[114] 翟志勇：《论数据信托：一种数据治理的新方案》，《东方法学》2021 年第 4 期。

[115] 张斌、李亮：《"数据要素 ×"驱动新质生产力：内在逻辑与实现路

径》,《当代经济管理》,http://kns.cnki.net/kcms/detail/13.1356.f.20240409.1530.002.html。

[116] 张帆、施震凯、武戈:《数字经济与环境规制对绿色全要素生产率的影响》,《南京社会科学》2022 年第 6 期。

[117] 张会平、顾勤、徐忠波:《政府数据授权运营的实现机制与内在机理研究——以成都市为例》,《电子政务》2021 年第 5 期。

[118] 张军、吴桂英、张吉鹏:《中国省际物质资本存量估算:1952—2000》,《经济研究》2004 年第 10 期。

[119] 张乐君、刘智栋、谢国、薛霄:《基于集成信用度评估智能合约的安全数据共享模型》,《自动化学报》2021 年第 3 期。

[120] 张奇、彭超、薛冬峰:《数据驱动储能电池新材料的筛选和设计》,《中国科学:技术科学》2024 年第 4 期。

[121] 张思思、崔琪、马晓钰:《数字要素赋能下有偏技术进步的节能减排效应》,《中国人口·资源与环境》2022 年第 7 期。

[122] 张潇扬、窦一凡、张成洪等:《企业数据联邦学习的收益分享机制研究》,《工程管理科技前沿》2023 年第 2 期。

[123] 张小伟、江东、袁野:《基于博弈论和拍卖的数据定价综述》,《大数据》2021 年第 4 期。

[124] 赵申豪:《共同富裕背景下政府开放数据收益分配的制度规制》,《电子政务》2023 年第 4 期。

[125] 赵云辉、张哲、冯泰文等:《大数据发展、制度环境与政府治理效率》,《管理世界》2019 年第 11 期。

[126] 赵忠:《三次分配的作用和边界》,http://theory.people.com.cn/n1/2021/0910/c40531-32223668.html。

[127]《浙江省公共数据条例》,https://kjt.zj.gov.cn/art/2022/3/31/art_1229080139_2399264.html

[128] 郑国强、张馨元、赵新宇:《数据要素市场化能否促进企业绿色创新?——基于城市数据交易平台设立的准自然实验》,《上海财经大学学报》2024 年第 3 期。

[129] 郑磊、刘新萍:《我国公共数据开放利用的现状、体系与能力建设研

究》，《经济纵横》2024 年第 1 期。

[130] 郑磊：《开放不等于公开、共享和交易：政府数据开放与相近概念的界定与辨析》，《南京社会科学》2018 年第 9 期。

[131] 中国信息通信研究院云计算与大数据研究所：《公共数据授权运营发展洞察（2023）》，http://www.caict.ac.cn/kxyj/qwfb/ztbg/202312/P020231221390945017197.pdf。

[132] 中国资产评估协会："中评协关于印发《数据资产评估指导意见》的通知"，http://www.cas.org.cn/fgzd/pgzc/cd884ef9c8aa4c88adf1e12ecc7cc038.htm。

[133] 周利、冯大威、易行健：《数字普惠金融与城乡收入差距："数字红利"还是"数字鸿沟"》，《经济学家》2020 年第 5 期。

[134] 周文泓：《加拿大联邦政府开放数据分析及其对我国的启示》，《图书情报知识》2015 年第 2 期。

[135] 朱斌、刘东、刘天元等：《边缘计算在电力系统供需互动应用的研究进展与展望》，《电网技术》，https://doi.org/10.13335/j.1000-3673.pst.2024.0159。

[136] 祖广政、朱冬元：《基于模糊数学理论改进 B-S 模型的数据资产定价模型》，《中国资产评估》2022 年第 3 期。

二、外文文献

[1] Abowd, J. M., Schmutte, I. M., "An Economic Analysis of Privacy Protection and Statistical Accuracy as Social Choices", *American Economic Review*, 109（1），2019, pp.171-202.

[2] Acemoglu D., Autor D., Hazell J., Restrepo P., "Artificial Intelligence and Jobs: Evidence from Online Vacancies, *Journal of Labor Economics*, 40（S1），2022a, S293-S340.

[3] Acemoglu D., Makhdoumi A., Malekian A., Ozdaglar A., "Too Much Data: Prices and Inefficiencies in Data Markets", *American Economic Journal: Microeconomics*, 14（4），2022b, pp.218-256.

[4] Acemoglu, D., Autor, D., "Skills, Tasks and Technologies: Implications for Employment and Earnings", In Handbook of Labor Economics（Vol.4, pp.1043-1171），Elsevier, 2011.

［5］Acemoglu, D., Restrepo, P., "The Race between Man and Machine: Implications of Technology for Growth, Factor Shares, and Employment, *American Economic Review*, 108（6）, 2018, pp.1488-1542.

［6］Acquisti A., Taylor C., Wagman L., "The Economics of Privacy", *Journal of Economic Literature*, 54（2）, 2016, pp.442-492.

［7］Aghion, P., Jones, B. F., Jones, C. I., Artificial Intelligence and Economic Growth（Vol.23928）, National Bureau of Economic Research Cambridge, MA, 2017.

［8］Agrawal A., Gans J., Goldfarb A., *Prediction Machines*: *The Simple Economics of Artificial Intelligence*, Harvard Business Press, 2018.

［9］Aguilar, P., Ghirelli, C., Pacce, M., Urtasun, A., "Can News Help Measure Economic Sentiment? An Application in COVID-19 Times", *Economics Letters,* 199, 2021, 109730.

［10］Akcigit U., Liu Q., "The Role of Information in Innovation and Competition", *Journal of the European Economic Association*, 14（4）, 2016, pp.828-870.

［11］Akerlof, G. A., "The Market for 'Lemons': Quality Uncertainty and the Market Mechanism", *The Quarterly Journal of Economics,* 84（3）, 1970, pp.488-500.

［12］Alcayaga A., Wiener M., Hansen E. G., "Towards a Framework of Smart-Circular Systems: An Integrative Literature Review", *Journal of Cleaner Production*, 221, 2019, pp.622-634.

［13］Autor, D. H., Dorn, D., "The Growth of Low-Skill Service Jobs and the Polarization of the US labor Market", *American Economic Review*, 103（5）, 2013, pp.1553-1597.

［14］Autor, D. H., Katz, L. F., Krueger, A. B., "Computing Inequality: Have Computers Changed the Labor Market?", *The Quarterly Journal of Economics*, 113（4）, 1998, pp.1169-1213.

［15］Autor, D. H., Levy, F., Murnane, R. J., "The Skill Content of Recent Technological Change: An Empirical Exploration", *The Quarterly Journal of Economics*, 118（4）, 2003, pp.1279-1333.

〔16〕 Bartov, E., Faurel, L., Mohanram, P., "The Role of Social Media in the Corporate Bond Market: Evidence from Twitter", *Management Science*, 69（9）, 2022, pp.5638-5667.

〔17〕 Begenau J., Farboodi M., Veldkamp L., "Big Data in Finance and the Growth of Large Firms", *Journal of Monetary Economics*, 97, 2018, pp.71-87.

〔18〕Bell G., Hey T., Szalay A., "Beyond the Data Deluge", *Science*, 323（5919）, 2009, pp.1297-1298.

〔19〕 Belleflamme, P., Vergote, W. Categories of Data Products, 2016.

〔20〕 Benzell S. G., Brynjolfsson E., Digital Abundance and Scarce Genius: Implications for Wages, Interest Rates, and Growth: w25585, National Bureau of Economic Research, 2019.

〔21〕 Beraja M., Kao A., Yang D. Y., Yuchtman N., "AI-Tocracy", *The Quarterly Journal of Economics*, 138（3）, 2023, pp.1349-1402.

〔22〕 Beresford, A. R., Kübler, D., Preibusch, S. "Unwillingness to Pay for Privacy: A Field Experiment", *Economics Letters*, 117（1）, 2012, pp.25-27.

〔23〕 Berg, T., Burg, V., Gombović, A., Puri, M., "On the Rise of Fin-Techs: Credit Scoring Using Digital Footprints", *The Review of Financial Studies*, 33（7）, 2020, pp.2845-2897.

〔24〕 Bergemann, D., Bonatti, A., Smolin, A., Data products in Different Application Fields, 2015.

〔25〕 Bessen J., Impink S. M., Reichensperger T., Seamans R., "The Role of Data for AI Startup Growth", *Research Policy*, 51（5）, 2022, p.104513.

〔26〕 Bessen, J., AI and Jobs: The Role of Demand, 2018.

〔27〕 Bounie D., Dubus A., Waelbroeck P., "Competition and Mergers with Strategic Data Intermediaries: Number 3918829, SSRN, 2021.

〔28〕 Campbell, J., Goldfarb, A., Tucker, C., "Privacy Regulation and Market Structure", *Journal of Economics & Management Strategy*, 24（1）, 2015, pp.47–73.

〔29〕 Cappiello C., Gal A., Jarke M., et al., Data Ecosystems: Sovereign Data Exchange among Organizations（Dagstuhl Seminar 19391）, Dagstuhl Reports, Schloss Dagstuhl-Leibniz-Zentrum Fuer Informatik, 9（9）, 2020.

［30］ Cathcart, L., Gotthelf, N. M., Uhl, M., Shi, Y., "News Sentiment and Sovereign Credit Risk", *European Financial Management,* 26（2）, 2020, pp.261-287.

［31］ Chang Q., Cong L. W., Wang L., Zhang L., "Production, Trade, and Cross-Border Data Flows", w31416, National Bureau of Economic Research, 2023a.

［32］ Chang Q., Wang L., Zhang L., "The Production Effects of Cross-Border Data Flows: Evidences from Cross-Country Panel Data", Number 4544922, SSRN, 2023b.

［33］ Chen L., Huang Y., Ouyang S., Xiong W., "The Data Privacy Paradox and Digital Demand", w28854, National Bureau of Economic Research, 2021.

［34］ Chen, Y., Iyer, G. Costly Information Acquisition and Firm Competition, 2002.

［35］ Chen, Y., Liu, J., "Information Asymmetry in Data Trading", *Journal of Business Economics*, 92（1）, 2020, pp.45-62.

［36］ Chen, Y., Zhao, Q., "The Data Privacy Paradox and Digital Services Demand", *MIS Quarterly*, 45（3）, 2021, pp.1234-1256.

［37］ Chen, Z., Privacy Costs and Consumer Data Acquisition: An Economic Analysis of Data Privacy Regulation, Working paper, https://www.tse-fr.eu/sites/default/files/TSE/documents/sem2022/eco_platforms/chen.pdf, 2022.

［38］ Choe, C., Matsushima, N., Tremblay, M. J., "Behavior-based Personalized Pricing: When Firms can Share Customer Information", *International Journal of Industrial Organization*, 82, 2022, p.102846.

［39］ Choi J. P., "Dynamic R&D Competition Under Hazard Rate Uncertainty", *The RAND Journal of Economics*, 22, 1991, pp.596-610.

［40］ Choi S. Y., Stahl D. O., Whinston A. B., *The Economics of Electronic Commerce*, Indianapolis, IN: Macmillan Technical Publishing, 1997.

［41］ Cong L. W., Wei W., Xie D., et al., "Endogenous Growth Under Multiple Uses of Data", *Journal of Economic Dynamics and Control*, 141, 2022, p.104395.

［42］ Cong L. W., Xie D., Zhang L., "Knowledge Accumulation, Privacy, and Growth in a Data Economy", *Management Science*, 67（10）, 2021, pp.6480-6492.

[43] Cong L., Mayer S., "Antitrust, Regulation, and User Union in the Era of Digital Platforms and Big Data", w30881, National Bureau of Economic Research, 2023.

[44] Cong, L. W., Xie, D., Zhang, L. "Knowledge Accumulation, Privacy, and Growth in a Data Economy", *Management Science*, 67 (10), 2021, pp.6480–6492.

[45] Cong, L., Du, H., Hong, Y., "The Role of Data Privacy in the Digital Economy", *Journal of Management Information Systems*, 38 (2), 2021, pp.452-474.

[46] Dauth, W., Findeisen, S., Suedekum, J., Woessner, N., Adjusting to Robots: Worker-Level Evidence, Opportunity and Inclusive Growth Institute Working Papers, 13, 2018.

[47] De Cnudde, S., Moeyersoms, J., Stankova, M., Tobback, E., Javaly, V., Martens, D., "What Does Your Facebook Profile Reveal about Your Creditworthiness? Using Alternative Data for Microfinance", *Journal of the Operational Research Society*, 70 (3), 2019, pp.353-363.

[48] De Cornière A., Taylor G., Data and Competition: A Simple Framework with Applications to Mergers and Market Structure, 2020.

[49] Delacroix S., Lawrence N. D. Bottom-up Data Trusts: Disturbing the 'One Size Fits All' Approach to Data Governance", *International Data Privacy Law*, 9(4), 2019, pp.236-252.

[50] Delbono F., Reggiani C., Sandrini L., Strategic Data Sales to Competing Firms, JRC Digital Economy Working Paper, 2021.

[51] Dosis A., Sand-Zantman W., "The Ownership of Data", *Journal of Law, Economics and Organizations*, 39 (3), 2023, pp.615-641.

[52] Dwork, C., "Differential Privacy: A Survey of Results", In *Theory and Applications of Models of Computation*, Springer, Berlin, Heidelberg, 2008, pp.1-19.

[53] Ezrachi, A., Stucke, M. E., *Virtual Competition: The Promise and Perils of the Algorithm-Driven Economy*, Harvard University Press, 2016.

[54] Faber, M., "Robots and Reshoring: Evidence from Mexican Labor Markets", *Journal of International Economics*, 127, 2020, p.103384.

［55］Fahey B. A., "Data Federalism", *Harv. L. Rev.*, 135, 2021, p.1007.

［56］Fainmesser I. P., Galeotti A., Momot R., "Digital Privacy", *Management Science*, 69（6）, 2023, pp.3157-3173.

［57］Fainmesser, I. P., Galeotti, A., Momot, Y. "Data-driven Versus User-driven Business Models", *Management Science*, 69（1）, 2023, pp.123-142.

［58］Farboodi M., Mihet R., Philippon T., et al.,Big Data and Firm Dynamics, AEA Papers and Proceedings, 2014 Broadway, Suite 305, Nashville, TN 37203: American Economic Association, 109, 2019, pp.38-42.

［59］Farboodi M., Veldkamp L., "A Model of the Data Economy", w28427, National Bureau of Economic Research, 2021.

［60］Farboodi M., Veldkamp L., "A Growth Model of the Data Economy", *National Bureau of Economic Research*, 2021.

［61］Farboodi M., Veldkamp L., "Long-run Growth of Financial Data Technology", *American Economic Review*, 110（8）, 2020, pp.2485-2523.

［62］Farboodi, M. and Veldkamp, L., "Data and Markets", *Annual Review of Economics,* 15（1）, 2023, pp.23-40.

［63］Ferracane M. F., van der Marel E., "Regulating Personal Data: Data Models and Digital Services Trade", *World Bank Policy Research Working Paper*（9596）, 2021.

［64］Freeman R. B., Yang B., Zhang B., "Data Deepening and Nonbalanced Economic Growth", *Journal of Macroeconomics*, 75, 2023, p.103503.

［65］Frost, J., Gambacorta, L., Huang, Y., Shin, H. S., Zbinden, P., "BigTech and the Changing Structure of Financial Intermediation",*Economic Policy*, 34（100）, 2019, pp.761-799.

［66］Goldfarb A., Que V. F., "The Economics of Digital Privacy", *Annual Review of Economics*, 15, 2023, pp.267-286.

［67］Goldfarb A., Tucker C., "Digital Economics", *Journal of Economic Literature*, 57（1）, 2019, pp.3-43.

［68］Goldfarb, A., Tucker, C., Xiang, Y., "Digital Economics and the Economics of Digital Data", *Journal of Economic Perspectives*, 37（1）, 2023, pp.78-99.

［69］Graetz, G., Michaels, G., "Robots at Work", *Review of Economics and Statistics*, 100（5）, 2018, pp.753-768.

［70］Gu, Y., Park, S., Sabourian, H., "Dynamic Pricing Models for Data Trading", *Journal of Economic Theory*, 185, 2020, pp.104-123.

［71］Gupta S., Ghosh P., Sridhar V., "Impact of Data Trade Restrictions on it Services Export: Across-Country Analysis", *Telecommunications Policy*, 46（9）, 2022, p.102403.

［72］Hann, I. H., Hui, K. L., Lee, T. S., Png, I. P. L., "Overcoming Online Information Privacy Concerns: An Information-Processing Theory Approach", *Journal of Management Information Systems*, 24（2）, 2007, pp.13-42.

［73］Hau, H., Huang, Y., Shan, H., Sheng, Z., "How Fin-Tech Enters China's Credit Market", *AEA Papers and Proceedings*, 109, 2019, pp.60-64.

［74］He Y., Pan S., Xie D., "Public Data Provision and Quality Upgrade in a Semi-Endogenous Growth Model with R&D", number 4332937, SSRN, 2022.

［75］He, Z., Huang, J., Zhou, J., "Open Banking: Credit Market Competition When Borrowers Own the Data", *Journal of Financial Economics,* 147（2）, 2023, pp.449-474.

［76］Holz C. A., Sun Y., "Physical Capital Estimates for China's Provinces, 1952–2015 and beyond", *China Economic Review*, 51, 2018, pp.342-357.

［77］Hou Y., Huang J., Xie D., et al., The Limits to Growth in the Data Economy: How Data Storage Constraint Threats, Working Paper, 2022.

［78］Hoy, M. G., Milne, G., "Gender Differences in Privacy-related Measures for Young Adult Facebook Users", *Journal of Interactive Advertising*, 10（2）, 2013, pp.28–45.

［79］Huang J., Xie D., Yang Y., Data Right and Economic Growth, Working Paper, 2023.

［80］Humlum, A., Robot Adoption and Labor Market Dynamics, Princeton University, 2019.

［81］Ichihashi S., "Competing Data Intermediaries", *The RAND Journal of Economics*, 52（3）, 2021, pp.515- 537.

[82] Jansen M., Nagel F., Zhang A. L., Yannelis C., Data and Welfare in Credit Markets, University of Chicago, Becker Friedman Institute for Economics，Working Paper, 2022.

[83] Jones, C. I., "R&D-based Models of Economic Growth", *Journal of Political Economy*, 103 (4), 1995, pp.759-784.

[84] Jones, C. I., Tonetti, C. "Nonrivalry and the Economics of Data", *American Economic Review*, 110 (9), 2020, pp.2819–2858.

[85] Jones, M. L., Kaufman, L. E., Rubinstein, I. S., Surveillance, Privacy, and Public Health: The Case of COVID-19 Contact-Tracing Apps, SSRN Electronic Journal, 2020.

[86] Kokolakis, S., "Privacy Attitudes and Privacy Behaviour: A Review of Current Research on the Privacy Paradox Phenomenon", *Computers & Security*, 64, 2017, pp.122-134.

[87] Korinek, A., & Stiglitz, J. E., Artificial Intelligence and its Implications for Income Distribution and Unemployment, In *The Economics of Artificial Intelligence: an Agenda, University of Chicago Press*, 2018.

[88] Kornfeld R., Measuring Data in the National Accounts, https://www.bea.gov/system/files/2019-05/Kornfeld-Measuring-data-in-the-national-accounts.pdf.

[89] Krueger, A. B., How Computers Have Changed the Wage Structure: Evidence from Microdata, 1984-1989, *The Quarterly Journal of Economics*, 108 (1), 1993, pp.33-60.

[90] Lankisch, C., Prettner, K., Prskawetz, A., Robots and the Skill Premium: An Automation-Based Explanation of Wage Inequality, 2017.

[91] Li P., Yang J., Islam M. A., et al., "Making AI Less 'Thirsty': Uncovering and Addressing the Secret Water Footprint of AI Models", arXiv preprint, arXiv:2304.03271, 2023.

[92] Li, M., Zhang, H., "Data-Driven Value Creation in Digital Products", *Journal of Digital Economy*, 5 (3), 2021, pp.45-62.

[93] Liao F., Hu Y., Chen M., et al., "Digital Transformation and Corporate Green Supply Chain Efficiency: Evidence from China", *Economic Analysis and*

Policy, 81, 2024, pp.195-207.

［94］Lin B., Huang C.,"How Will Promoting the Digital Economy Affect Electricity Intensity?",*Energy Policy*, 173, 2023, p.113341.

［95］Lin T., Strulov-Shlain A.,"Choice Architecture, Privacy Valuations, and Selection Bias in Consumer Data", University of Chicago, Becker Friedman Institute for Economics Working Paper, 2023.

［96］Lin, X., Wang, X., Huang, W.,"The Impact of Choice Architecture on Consumer Data Sharing",*Journal of Consumer Research*, 50（2）, 2023, pp.234-253.

［97］Liu K., Qiu X., Chen W., et al.,"Optimal Pricing Mechanism for Data Market in Blockchain-Enhanced Internet of Things",*IEEE Internet of Things Journal*, 6（6）, 2019, pp.9748-9761.

［98］Liu Z., Sockin M., Xiong W.,"Data Privacy and Temptation", w27653, National Bureau of Economic Research, 2020.

［99］Liu Z., Sockin M., Xiong W.,"Data Privacy and Algorithmic Inequality", w31250, National Bureau of Economic Research, 2023.

［100］Liu, F., Zhang, X., Chen, H.,"The Impact of Price Discrimination on Market Competition and Consumer Welfare",*Economic Modelling*, 110, 2022, p.105123.

［101］Liu, Y., Li, J.,"Consumer Privacy Concerns in the Digital Economy: Evidence from China",*Journal of Consumer Research*, 47（1）, 2020, pp.98-115.

［102］Lu C. H.,"The Impact of Artificial Intelligence on Economic Growth and Welfare",*Journal of Macroeconomics*, 69, 2021, p.103342.

［103］Luo S., Xing L.,"Neutrosophic Game Pricing Methods with Risk Aversion for Pricing of Data Products",*Expert Systems*, 38（5）, 2021, p.e12697.

［104］Marotta V., Abhishek V., Acquisti A.,Online Tracking and Publishers' Revenues: An Empirical Analysis, Workshop on the Economics of Information Security, 2019.

［105］Martens B., An Economic Perspective on Data and Platform Market Power, 2021.

[106] Martin K. D., Murphy P. E., "The Role of Data Privacy in Marketing", *Journal of the Academy of Marketing Science*, 45, 2017, pp.135-155.

[107] Martin, K. D., Borah, A., Palmatier, R. W., Data Privacy: Effects on Customer and Firm Performance", *Journal of Marketing*, 81（1）, 2017, pp.36-58.

[108] McAfee A., Brynjolfsson E., Davenport T. H., et al., "Big Data: The Management Revolution", *Harvard Business Review*, 90（10）, 2012, pp.60-68.

[109] Miller H. G., Mork P. "From Data to Decisions: A Value Chain for Big Data", *IT Professional*, 15（1）, 2013, pp.57-59.

[110] Muller O., Fay M., Vom Brocke J., "The Effect of Big Data and Analytics on Firm Performance: An Econometric Analysis Considering Industry Characteristics", *Journal of Management Information Systems*, 35（2）, 2018, pp.488-509.

[111] Nguyen D., Paczos M., "Measuring the Economic Value of Data and Cross-Border Data Flows: A Business Perspective", *OECD Digital Economy Papers*, 2020, p.297.

[112] Nguyen, C. V., Das, S. R., He, J., Yue, S., Hanumaiah, V., Ragot, X., Zhang, L., Multimodal Machine Learning for Credit Modeling, Paper Presented at the 2021 IEEE 45th Annual Computers, Software, and Applications Conference （COMPSAC）, 2021.

[113] Nordhaus W. D., "The Progress of Computing", Available at SSRN 285168, 2001.

[114] Nordhaus W. D., "Two Centuries of Productivity Growth in Computing", *The Journal of Economic History*, 67（1）, 2007, pp.128-159.

[115] OECD, "Exploring the Economics of Personal Data: A Survey of Methodologies for Measuring Monetary Value", *OECD Digital Economy Papers*, 220, 2013, p.40.

[116] Óskarsdóttir, M. and Bravo, C., "Multilayer Network Analysis for Improved Credit Risk Prediction", *Omega*, 105, 2021, p.102520.

[117] Óskarsdóttir, M., Bravo, C., Sarraute, C., Vanthienen, J., & Baesens, B., "The Value of Big Data for Credit Scoring: Enhancing Financial Inclusion Using

Mobile Phone Data and Social Network Analytics", *Applied Soft Computing*, 74, 2019, pp.26-39.

［118］ Ouyang, S., "Cashless Payment and Financial Inclusion", *SSRN Electronic Journal*, 2021.

［119］ Prettner, K., "A Note on the Implications of Automation for Economic Growth and the Labor Share", *Macroeconomic Dynamics*, 23（3）, 2019, pp.1294-1301.

［120］ Qi P., Sun D., Xu C.,et al.,. "Can Data Elements Promote the High-Quality Development of China's Economy?, *Sustainability*, 15（9）, 2023, p.7287.

［121］ Ramadorai T., Uettwiller A., Walther A., The Market for Data Privacy, Number 3352175, SSRN, 2020.

［122］ Ramadorai, T., Seru, A., Shroff, N., "Information or Misinformation? Privacy Salience and Data Sharing in Financial Markets", *Journal of Financial Economics*, 138（1）, 2020, pp.126-155.

［123］ Reinsdorf M., Ribarsky J., Measuring the Digital Economy in Macroeconomic Statistics: The Role of Data, Assa 2020 Annual Meeting.

［124］ Rochet, J. C., Tirole, J., "Platform Competition in Two-Sided Markets", *Journal of the European Economic Association*, 1（4）, 2003, pp.990-1029.

［125］ Romer P. M., "Increasing Returns and Long-Run Growth", *Journal of Political Economy*, 94（5）, 1986, pp.1002-1037.

［126］ Romer P. M., "Endogenous Technological Change", *Journal of Political Economy*, 98（5, Part 2）, 1990, S71-S102.

［127］ Rozo, B. J. G., Crook, J., Andreeva, G., "The Role of Web Browsing in Credit Risk Prediction", *Decision Support Systems*, 164, 2023, p.113879.

［128］ Schumpeter J. A., *The Theory of Economic Development: An Inquiry into Profits, Capital, Credit, Interest, and the Business Cycle*, Harvard University Press, 1934.

［129］ Shapiro, C., Varian, H. R., *Information Rules: A Strategic Guide to the Network Economy*, Harvard Business Review Press, 2018.

［130］ Shy, O., Stenbacka, R., "Data Products and Market Competition",

Journal of Industrial and Business Economics, 46, 2019, pp.345-367.

［131］Smith S., Patwary M., Norick B., et al.,"Using Deepspeed and Megatron to Train Megatron-Turing NLG 530B, A Large-Scale Generative Language Model", arXiv preprint，arXiv:2201.11990, 2022.

［132］Solow R. M.,"Technical Change and the Aggregate Production Function",*The Review of Economics and Statistics*, 39（3）, 1957, pp.312-320.

［133］Statistics Canada, The Value of Data in Canada: Experimental Estimates, https://www150.statcan.gc.ca/n1/pub/13-605-x/2019001/article/00009-eng.htm, 2019.

［134］Stevenson, B., Artificial Intelligence, Income, Employment, and Meaning, In *The Economics of Artificial Intelligence: an Agenda*, University of Chicago Press, 2018, pp.189-195.

［135］Stevenson, M., Mues, C., Bravo, C.,"The Value of Text for Small Business Default Prediction: A Deep Learning Approach",*European Journal of Operational Research,* 295（2）, 2021, pp.758-771.

［136］Tansley S., Tolle K. M., *The Fourth Paradigm: Data-Intensive Scientific Discovery*, Redmond, WA: Microsoft Research, 2009.

［137］Taylor, C. R.,"Consumer Privacy and the Market for Customer Information",*RAND Journal of Economics*, 35（4）, 2004, pp.631-650.

［138］Touvron H., Lavril T., Izacard G., et al.,"Llama: Open and Efficient Foundation Language Models", arXiv preprint arXiv:2302.13971, 2023.

［139］Troilo G., De Luca L. M., Guenzi P.,"Linking Data-Rich Environments with Service Innovation in Incumbent Firms: A Conceptual Framework and Research Propositions",*Journal of Product Innovation Management*, 34（5）, 2017, pp.617-639.

［140］Valavi E., Hestness J., Ardalani N., Iansiti M.,"Time and the Value of Data",*Academy of Management Proceedings*, 2021（1）, p.13609.

［141］Van Knippenberg D., Dahlander L., Haas M. R., et al.,"Information, Attention, and Decision Making",*Academy of Management Journal*, 58（3）, 2015, pp.649-657.

［142］Varian, H. R.,"Versioning and Bundling in Digital Markets",《经济信

息系统学报》, 8（2）, 2019, pp.201-224.

［143］ Veldkamp L., "Valuing Data as an Asset", *Review of Finance*, 2023.

［144］ Wang, H., et al., "The Economic Impacts of Privacy Protection on Data Markets", *Journal of Public Economics*, 173, 2020, pp.113–124.

［145］ Wang, L., Liu, Q., "Competitive Dynamics in Chinese Digital Platforms", *China Economic Review*, 35（1）, 2022, pp.78-95.

［146］ Wei W., Xie D., Turing Growth Model, Working Paper, 2024.

［147］ Wei, W., Xie, D., "Can AI Help to Raise the Fertility Rate?", Available at SSRN 4171328, 2022.

［148］ Winegar A. G., Sunstein C. R., "How Much is Data Privacy Worth? A Preliminary Investigation", *Journal of Consumer Policy*, 42, 2019, pp.425-440.

［149］ Xie D., Zhang L., A Generalized Model of Growth in the Data Economy, number 4033576, SSRN, 2022.

［150］ Xie, D., Wei, W., Li, Y., "A General Theory of Digital Economy——The World after Turning", Available at SSRN 4531884, 2023.

［151］ Yang, K., Yuan, H., & Lau, R. Y. K., "PsyCredit: An Interpretable Deep Learning-Based Credit Assessment Approach Facilitated by Psychometric Natural Language Processing", *Expert Systems with Applications*, 198, 2022, p.116847.

［152］ Yang, S., Sun, T., "Regulatory Approaches to Digital Economy in China: Balancing Innovation and Control", *Journal of Cyber Policy*, 6（2）, 2021, pp.159-178.

［153］ Zeira, J., "Workers, Machines, and Economic Growth", *The Quarterly Journal of Economics*, 113（4）, 1998, pp.1091-1117.

［154］ Zhang Z., Chen L., Zhong F., et al., "Graph Neural Network Approaches for Drug-Target Interactions", *Current Opinion in Structural Biology*, 73, 2022. p.102327.

［155］ Zhang, P., Chen, L., "Personalized Pricing in Digital Markets: Implications for Consumer Welfare", *Journal of Economic Policy*, 19（4）, 2023, pp.302-318.

［156］ Zhang, Q., Wang, Y., Xiuping, S., "Network Effects in Data Trading:

A Theoretical and Empirical Analysis", *Research in International Business and Finance*, 55, 2021, p.101338.

［157］Zhang, W., Wang, C., Zhang, Y., Wang, J., "Credit Risk Evaluation Model with Textual Features from Loan Descriptions for P2P Lending", *Electronic Commerce Research and Applications,* 42, 2020, p.100989.

［158］Zhao W. X., Zhou K., Li J., et al., "A Survey of Large Language Models", arXiv preprint, arXiv:2303.18223, 2023.

［159］Zhou T., Song Z., Sundmacher K., "Big Data Creates New Opportunities for Materials Research: A Review on Methods and Applications of Machine Learning for Materials Design", *Engineering*, 5（6）, 2019, pp.1017-1026.

责任编辑：张　蕾

封面设计：汪　莹

图书在版编目（CIP）数据

"数据要素 ×"的经济学 / 汤珂，刘涛雄，谢丹夏

主编 . -- 北京 ：人民出版社，2025. 1. -- ISBN 978 - 7 - 01

- 027009 - 8

Ⅰ. F49

中国国家版本馆 CIP 数据核字第 2024JQ7642 号

"数据要素 ×"的经济学

SHUJU YAOSU × DE JINGJIXUE

汤　珂　刘涛雄　谢丹夏　主编

人 民 出 版 社 出版发行

（100706　北京市东城区隆福寺街 99 号）

北京汇林印务有限公司印刷　新华书店经销

2025 年 1 月第 1 版　2025 年 1 月北京第 1 次印刷

开本：710 毫米 ×1000 毫米 1/16　印张：15

字数：178 千字

ISBN 978 - 7 - 01 - 027009 - 8　定价：65.00 元

邮购地址 100706　北京市东城区隆福寺街 99 号

人民东方图书销售中心　电话（010）65250042　65289539